能源冲击与经济传递

理论及中国经验

Energy Shock and Economic Transmission: Evidence from China

陈宇峰 著

商務印書館
创于1897 The Commercial Press

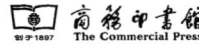

本书获得

国家自然科学基金（72174180、71673250）

教育部人文社科重点研究基地重大项目（22JJD790080）

浙江省杰出青年科学基金（LR18G030001）

浙江省哲学社会科学领军人才青年培育项目（22QNYC13ZD）

浙江省重点建设高校优势特色学科（浙江工商大学统计学）

等项目经费资助

前　言

近年来,国际能源价格经历了频繁的涨跌波动,其变化频率和波动幅度都远远超出了经济学家的预期。能源不仅是一种影响人们日常生活的重要物资,更是一种决定现代经济走势的核心战略资源。进入21世纪以来,能源的价格走势,尤其是石油价格变动对宏观经济运行的影响正变得越来越复杂,这在一定程度上削弱了以往经济模型和经济理论的现实解释力。在这种情况下,关于能源价格冲击对宏观经济运行的影响研究再次成为国内外学术界密切关注的焦点。事实上,关于能源价格波动对宏观经济运行的影响研究不仅能够更好地解释现实世界中的许多经济现象,而且也有利于各国政府制定相关的政策法规,以更好地规避能源价格波动引起的外部风险,这也是本书的重要立足点。

本书从微观和宏观两个维度出发,在现有研究基础上,围绕能源冲击与宏观经济波动的内在关系及其传递路径、国际油价冲击与中国宏观经济波动的非对称时段效应、能源冲击与中国奥肯定律的宏观稳定性、能源冲击对中国部门间劳动力市场需求结构的影响、国际油价波动对中国汽车消费需求的非线性冲击效应、我国产业结构调整引发能源冲击对区域经济的冲击影响与变化等六个问题,展开深入、全面的系统性研究。

第一,本书从纵向和横向两个方面对能源冲击与宏观经济关系的研究现状分别进行论述。本书的文献梳理发现,由于技术进步、各国经济结构发生改变以及能源价格不断上涨,能源冲击对发展中国家的影响越来越大,当前研究的重心也将逐渐从发达国家转移到发展中国家,人们将更加关注能源冲击的积极效应。

第二,本书采用 1978 至 2007 年国际油价波动与中国宏观经济活动的相关数据,通过基于扩展 VAR 模型的 Granger 因果检验,系统考察了不同油价冲击形式对国内宏观经济活动的影响程度和作用机理,从而发现不同经济发展阶段下不同油价冲击形式所产生的"非对称时段效应"。结果表明,国际油价波动与国内宏观经济中的实际 GDP、通货膨胀率、实际的人民币汇率之间存在长期的协整关系。国际油价的冲击对我国宏观经济的作用机制具有明显的时段效应,而且在不同的经济发展阶段,不同的国际油价冲击形式也会有不同的影响程度和传导机制。

第三,本书在传统的线性奥肯定律(Nonlinear Okun's Law)和平滑转换回归模型基础上,构建了一个非线性奥肯定律模型,结合国际油价的外部供给冲击,系统地考察了奥肯定律这一经验规律在我国的存在性和非线性。结果表明,传统的线性奥肯定律在我国已经失效,但呈现出明显的非线性特征,经济扩张和经济收缩对失业的影响具有截然不同的非对称效应。考虑到外部供给冲击的影响,奥肯定律会出现一定程度的偏移,而且呈现出线性与非线性特征的频繁转换。

第四,本书在可计算一般均衡模型(CGE)的基础上,结合 2007 年社会核算矩阵(SAM),系统模拟了国际能源冲击下中国宏观经济活动以及微观劳动力市场的变动情况,同时具体分析了能源冲击对部门间劳动力市场需求结构的影响和传导机制。研究发现,在面对能源冲击时,不同部门的劳动力需求变化也各不相同,制造业、农林牧渔业等劳动力密集型部门倾向于提供更多的劳动岗位，并且这些岗位主要是面向对能源有较强替代性的技术工人，而其余大部分部门则倾向于缩减劳动岗位的供应；在收入方面，随着能源价格上涨，各类工人收入都会出现不同程度的下降，其中以技术工人降幅最大，产业工人次之，而农业工人的收入在能源价格上涨到一定程度后会出现上升。

第五，本文利用1997至2008年国际油价与中国汽车需求量的时间序列数据，构建了一个非线性LSTAR模型，系统考察了二者之间的内在结构关系和冲击效应，同时也模拟了不同油价冲击情境下国内汽车需求消费量的响应程度。结果表明，国际油价波动对中国汽车消费需求的负影响滞后一个季度，前四季度汽车消费需求对即期汽车消费需求影响由正转负；国际油价对国内汽车消费需求具有非线性冲击效应，并可由LSTAR2模型表述；国际油价对国内汽车消费需求影响具有非对称性特征。

第六，本文通过投入产出模型和RAS法分析产业结构调整对缓解能源区域经济冲击的影响，并给出了短期规划和长期规划产业结构水平的最优收敛路径。在当前产业结构水平下，能源价格上涨对区域经济有较大的冲击效应，但随着产业结构调整的不断深入，能源区域经济的冲击效应将逐渐弱化。

Abstract

The international energy prices have experienced ups and downs frequently in recent years. In practice, the change frequency and fluctuation rage of energy prices exceed most of economists' expectation. Energy includes both the fossil energy used in people's daily life and the core resource influencing the economic growth. In the 21th century, the relationship between energy price's fluctuation and macroeconomic operation is becoming more and more complex than before. This change weakens the explanatory power of the traditional economic models and theory. Under this circumstance, a lot of economists pay more attention to the relationship between the shocks of energy price and the operation of economy. In fact, the key aim of the relationship study is not only to explain more economic phenomenon, but also to provide several policy advices for the government to avoid the external risks caused by energy price changes.

From the micro and macro perspective, this study investigates six issues: the interrelationship between energy price fluctuation and macroeconomic operation, the asymmetric and phase effect between the international oil price shocks and China's macroeconomic fluctuation, the impact of external shocks to the existence and nonlinearity of Okun's law, the impacts of energy price fluctuation on the structure of labor market demand among

China's departments, the asymmetric impact of international oil price volatility on China's vehicles demand, the effect of industrial structure adjustment on alleviating regional economic shock of energy.

Firstly, this study summarizes the researches on the relationship between energy price shock and macroeconomic operation on the basis of the previous literature through longitudinal and transverse perspective. As a result, the impacts of energy price shocks on the developing countries are becoming more and more serious due to the technical progress, structure changes and the surge of energy price. Most of economists and policy makers pay more attention to the positive effect of energy price shock.

Secondly, this study systemically explores the effects and mechanism of different international oil price shocks on China's macroeconomic activities by using the relative statistics about the international crude oil prices and the China's macroeconomic activities from 1978 to 2007. Based on the Lag-Augmented VAR model and Granger Causality Test, it concludes that in different stages of economic development the different oil price shocks will have asymmetric stage effects, according to which we propose some policy suggestions. Furthermore, there exists the long run co-integration relationship among international oil prices fluctuation, real GDP, inflation rate and real exchange rate.

Thirdly, on the basis of the traditional linear Okun's law and smooth transition regression model, this study establishes a nonlinear model of Okun's law, and systematically investigates the existence and nonlinearity of Okun's law in our country with the international oil price shocks. The empirical results indicate that the Okun's law becomes invalid and presents nonlinearity in China and the impact of economic expansion and recession to unemployment exhibits an entirely different asymmetric effect. Okun's law presents certain level of deviation and it shifts frequently between linearity and nonlinearity characteristics under the influence of external supply shocks.

Fourthly, this study simulates the influence of energy shock on China's labor market with a Computable General Equilibrium model, and furthermore we analysis the demand of labor market in each department and the income of every kind of workers under the energy shock. The results have revealed that energy shock to different departments' labor demand is not identical, the labor-intensive departments such as manufacturing tend to provide more labor post, and mainly for technical workers, the others tend to cut its supply of labor post. Under the energy shocks, the income of all kinds of labor force appears different degrees of decline, of which the greatest reduction for technical workers, industrial workers take the second place, and the agriculture workers will have a higher income when the energy price rises to a certain degree.

Fifthly, this study applies a nonlinear LSTAR model to investigate the interrelationship between international oil price fluctuation and China's vehicles demand on the basis of the time series data from 1997 to 2008. Furthermore, this study simulates the impulses of China's c to different price shocks. The empirical results reveal that the negative impact of the international oil price surge on China's vehicles demand presents lagged one quarter. The impact of the China's vehicles demand in the last one year on the current demand is changing form positive to negative. In practice, the LSTAR2 model is able to depict the asymmetric effect of international oil price on domestic vehicles demand.

Finally, using input-output model and RAS method and establishing the optimal adjustment path of industrial structure in the short-term and long-term, this study analyzes the effect of adjustment of industrial structure on alleviating the regional influence of energy shock. Furthermore, energy shock has critical negative effects on regional economy under the current level of industrial structure. However, with the adjustment of industrial structure, the regional influence of energy shock will be weakened.

目 录

第一章 导言 ………………………………………………… 1
第一节 问题的提出 …………………………………………… 1
第二节 研究意义 ……………………………………………… 5
第三节 研究方法 ……………………………………………… 7
第四节 主要内容 ……………………………………………… 8
第五节 可能的创新点 ………………………………………… 11

第二章 文献综述 …………………………………………… 13
第一节 引言 …………………………………………………… 13
第二节 横向发展的研究进路：以汉密尔顿为代表 ………… 14
第三节 纵向研究的发展脉络：六大主要分支 ……………… 18
第四节 本章小结 ……………………………………………… 35

第三章 国际油价冲击与中国宏观经济波动的非对称时段效应
………………………………………………………………… 38
第一节 引言 …………………………………………………… 38
第二节 文献综述 ……………………………………………… 42
第三节 研究方法 ……………………………………………… 46
第四节 实证分析 ……………………………………………… 49

第五节　主要结论和政策建议 …………………………… 67

第四章　能源冲击与中国奥肯定律的宏观稳定性 …………… 74
　　第一节　引言 ……………………………………………… 74
　　第二节　模型构建 ………………………………………… 80
　　第三节　实证结果 ………………………………………… 83
　　第四节　外部冲击下的中国奥肯定律研究 ………………… 92
　　第五节　本章小结 ………………………………………… 98

第五章　能源冲击对中国部门间劳动力市场需求结构的影响
　　　　　………………………………………………………… 99
　　第一节　问题的提出 ……………………………………… 99
　　第二节　文献综述 ………………………………………… 102
　　第三节　可计算一般均衡模型的构建及数据说明 ………… 105
　　第四节　情景模拟与进一步讨论 …………………………… 120
　　第五节　本章小结 ………………………………………… 131

第六章　国际油价波动对中国汽车消费需求的非线性冲击效应
　　　　　………………………………………………………… 133
　　第一节　问题的提出 ……………………………………… 133
　　第二节　文献综述 ………………………………………… 134
　　第三节　模型设定与检验方法 ……………………………… 136
　　第四节　实证结果 ………………………………………… 139
　　第五节　本章小结 ………………………………………… 152

第七章　产业结构调整对缓解能源区域经济冲击的影响：以浙江省为例 ············ 155
第一节　引言 ············ 155
第二节　文献综述 ············ 157
第三节　投入产出价格模型与 RAS 法的修正 ············ 160
第四节　实证结果 ············ 163
第五节　本章小结 ············ 175

第八章　主要结论与研究展望 ············ 177
第一节　本书的主要结论 ············ 177
第二节　研究展望 ············ 181

参考文献 ············ 186

后记 ············ 202

第一章
导言

第一节　问题的提出

　　长期以来,石油、煤炭和天然气等化石能源一直都是人类社会赖以生存和谋求自身发展的重要基本元素,同时也是一个国家或者地区经济快速发展的重要基石。但是,在刚刚过去的一个世纪里,能源所扮演的角色正悄无声息地发生着变化,并逐渐成为制约经济、社会可持续发展的致命瓶颈。特别是进入21世纪以来,能源危机(Energy Crisis)一词更是频频出现在各国主流媒体的显要位置,并且大有愈演愈烈之势。一时间,能源问题不仅成了美国和英国等老牌工业强国的"阿喀琉斯之踵"[1],极大地威胁着摇摇欲坠的经济复苏根基,加剧了国内政界和普通民众的恐慌心理,而且也成为悬在中国和印度等新兴经济体头上的"达摩克利斯之剑"[2],粗

---

　　[1]　阿喀琉斯乃凡人珀琉斯和美貌仙女忒提斯的儿子。忒提斯为了让儿子练成"金钟罩",在他刚出生就将其倒提着浸进冥河,遗憾的是,儿子被母亲捏住的脚后跟却露在水上,全身留下了唯一一处"死穴"。在这里"阿喀琉斯之踵"用来形容西方发达国家经济强大的背后,最大的弱点在于经济发展对于能源消耗的过度需求和依赖。

　　[2]　达摩克利斯之剑被用来表示时刻存在的危险。源自古希腊传说:狄奥尼修斯国王请他的大臣达摩克利斯赴宴,命其坐在用一根马鬃悬挂的一把寒光闪闪的利剑之下。现在,这个词语用来形容"临绝地而不衰",或者随时有一种危机意识。在本文中,用来表示中国和印度等国经济高速增长建立在高耗能的基础上,一旦发生能源危机,经济发展随时有崩溃的可能性。

暴地绑架了新兴国家的高速经济增长，倒逼发展中国家的能源效率改革。

所谓"能源危机"，是指能源价格的短期大幅上涨对经济发展和社会稳定产生不可估量的负面影响，它也可以从影响较为有限的局部危机迅速扩散成影响恶劣的全球性危机。传统的经济学理论认为，能源危机大致分为两大类：第一类属于"供给驱动型能源危机"，例如1973年的石油禁运和1979至1980年的"两伊"战争所引发的第一次和第二次全球性石油危机。这类危机往往是因为能源供应大幅缩水，打破了国际能源市场上的供需平衡，从而造成能源价格剧烈上涨；更为确切地说，它是一种突变式的能源危机，具有强大的破坏力。第二类属于"需求驱动型能源危机"，例如2003至2008年爆发的第三次全球性石油危机。它由全球经济复苏激发各国经济对石油需求的大幅增加所致，这种由需求驱动的能源危机对实体经济的影响力较为有限，而且也较易控制。因为当能源价格超过实体经济所能承受的合理价格水平时，过高的能源价格自然而然会抑制经济发展对能源的过度需求，从而使得高能源价格失去原本的强有力的支撑基础，最终回归理性的价格水平，它是一种渐变式的能源危机（陈宇峰、俞剑，2011）。

在后危机时代，全球性石油危机的余威尚未完全退去，新一轮的"全球性煤炭危机"和"全球性天然气危机"来势汹汹。Heinberg和Fridley(2010)研究指出，以往的能源政策令世人产生了一种廉价煤炭时代仍远未结束的假象；接着他们从全球煤炭供需两个方面给出了廉价煤炭时代已经彻底终结和新一轮的"全球性煤炭危机"不可逆转的强有力证据。一方面，Patzek和Croft(2010)运用多峰值理论（Multi-Hubbert Cycle Analysis）分析预测了国际煤炭产量在2011年就已经达到顶峰，此后煤炭产量逐渐下滑；2037年的产量将与1990年基本持平；而到2047年，煤炭产量将只有峰值产量的一半左右。另一方面，全球煤炭需求增长动力强劲；在20世纪90年代，全球煤炭需求年均增长率只有0.45%，而进入2000年来，年均增长率超过了3.8%。其中，中国作为全球最大的煤炭生产国和消费国，持续上涨的国内煤炭消费对全球煤炭需求有着不可低估的影响力。总的来看，全球煤炭产量缓慢下滑，而煤炭需求强势上扬必将打破旧体系下的价格水平，在达到新体系的均衡水平之前，必将迎来国际煤炭价格的新一轮上涨。

在没有充分的新能源技术革命之前，世界经济将不得不迎来传统化石能源的全球化危机，甚至有可能与当前的全球性金融危机并列，成为21世纪前半叶最为重要的标志性经济事件。当然，多重全球性能源危机的危害很有可能会超过全球性经济和金融危机，原因在于自1929至1932年爆发破坏性极强的全球经济大萧条以来，凯恩斯和萨缪尔森等一大批经济学大师就投身这一研究领域，提出了有效需求不足等著名经济理论和财政政策与货币政策双管齐下的政策措施。同时，虽然欧美日等发达资本主义国家在多次经历经济危机之后已经积累了相当成熟的应对方案和措施，但对于近半个世纪中相继爆发的全球性能源危机的理解和应对方案并没有足够的清醒认识，特别是关于能源利用的历史以及能源价格剧烈震荡的准确判断。

通过对能源利用历史的梳理发现，人类对能源的利用大致经历了三次明显的转变。第一次出现在18世纪中叶，产业革命的出现促进了人类对煤炭的大规模开采和利用，木材在一次能源消费中的主导地位被彻底取代，从而进入"煤炭消费时代"。第二次转变出现于19世纪70年代，电气工业的快速发展导致煤炭在世界一次能源消费结构中的比重逐渐下降，后来被石油所取代，世界由此进入"石油消费时代"。第三次变化开始于20世纪80年代，两次全球性石油危机的连续冲击导致长期过度依赖石油消费的世界经济付出了极为惨痛的代价,由此开始了向新能源消费模式的转变。值得注意的是,进入石油消费时代以来,国际油价并非一帆风顺,而是呈现出一波三折的剧烈波动特征,经历了从"高波动和高油价"到"低波动和低油价"再到"高波动和高油价"的阶段性转变(如图1-1所示)。

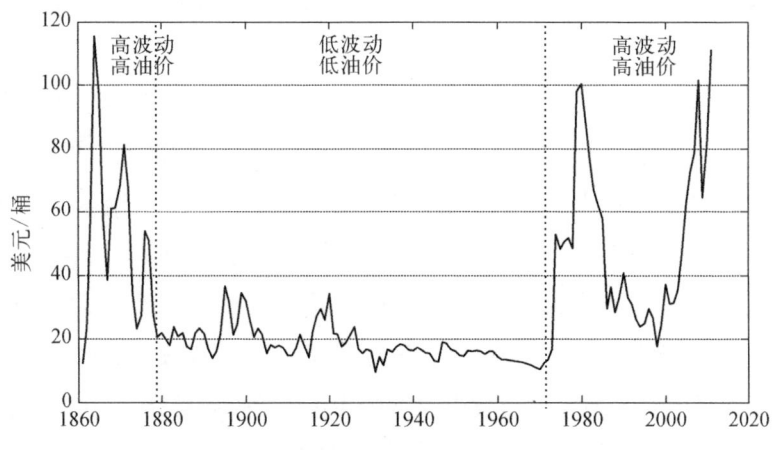

图1-1 国际石油价格的历年波动趋势

数据来源:英国石油公司公布的《世界能源统计回顾(2012)》(BP Statistical Review of World Energy, June 2012)。由于所选价格是实际的年度价格,皆以2011年美国当年石油价格进行折算后得到,所以与现实中的名义价格波动有所不同,特别是在2008年7月名义油价曾最高达到147美元/桶,而这一点却并未在图中得到体现。

因此,在当前形势下,如何认识到不可再生能源在经济发展中的稀缺性和重要性,如何深入考察此次能源危机产生的深层次原因以及与其他经济危机的互生性,如何形成一套行而有效的能源危机治理机制和应对之策等,都是当前迫在眉睫的重要任务。而从以往的国际经验来看,传统的以高耗能、高污染为代价的粗放型经济增长模式早已被证明是不可持续的,不断提升能源利用效率,降低单位GDP的能耗强度才是缓解经济增长过程中日益紧张的能源供需矛盾的必然选择。

虽然，中国政府已经深刻意识到了这一问题的严重性和紧迫性，也提出了"节能减排""发展低碳经济"等的口号和发展理念，并在"十四五"规划纲要中明确提出推动能源生产和利用方式变革等构想，但是在当前工业化和城市化不断推进的背景下，中国"石油消费基数大，刚性需求旺盛"是一个不可回避的特征事实；而且中国能源效率低下，环境污染严重仍将成为中国经济发展中不得不面临的长期考验。更为严峻的是，虽然中国省级区域能源效率在2000年以来稳步提高，但是区域能源效率极不平衡，大致呈现出由东到西逐渐递减的特征。与西方发达国家相比，中国总体能源效率处于较低的水平，导致中国能源消费水平在未来相当长的时间内仍将维持在高位运行。在这种情况下，甚至有不少经济学家指出，正是中国的旺盛能源需求才导致后危机时代的国际能源价格持续飙升。

第二节 研究意义

20世纪70年代，突如其来的两次全球性石油危机给西方各国的经济发展造成致命冲击，甚至引发了堪比20世纪30年代以来最严重的经济衰退。高通货膨胀和高失业率并存的"滞胀"格局更是迫使西方主流经济学家开始重新反思凯恩斯相机抉择的经济政策的科学性和合理性。一时间，关于能源冲击对各国宏观经济波动的影响开始成为各国政府和主流媒体关注的焦点问题。一方面，能源冲击特别是石油价格冲击对宏观经济波动的传导路径是否唯一，这种传导效果及影响是单一的负面冲击，还是同时具有积极的正面影响，又或者两种影响兼备？另一方面，面对能源冲击的愈演愈烈之势和不断升高的能源依赖性，这种现象又会如何决定各国经济的未来前景：是否还会再次出现"滞胀"现象？又或者会出现新的前所未有的挑战？这些都是摆在各国政府和国内外经济学家面前的重要课题，甚至可能是 21 世纪中最为重要的研究课题之一。这正是本书的一个重要立足点。

面对愈演愈烈的能源危机，传统的主流观点认为解决能源危机的最佳途径就是技术创新，即通过改善生产设备和生产技术，提升能源的利用效率来抑制居高不下的能源需求，从而解决日趋尖锐的能源供需矛盾和其他能源问题。这一应对之策在 20 世纪 80 年代以后得到了广泛采纳，特别是西方发达国家纷纷提高本国的生产技术水平。同时，美国和日本等经济强国开始积极探寻传统化石能源的替代能源，核能、太阳能和风能等清洁能源得到了快速发展，从而有效抑制了这些国家对于石油资源的巨大依赖性。事实上，经过数百年的经济发展积淀，众多发达国家不仅具备了技术创新的优越环境和良好条件，而且也具备了大力发展可替代能源的时机和条件。

然而，对于绝大多数正处在快速发展阶段的国家而言，特别是对正处在快速城镇化和工业化时期的中国而言，一味地强调技术创新和发展替代能源来降低能源消耗并不现实。这是因为在经济发展的初期，国内的经济环境尚不具备技术创新的条件和基础；过度强调技术创新甚至有可能会危害经济的增长性，给经济发展造成高昂的生产成本和代价。更为重要的是，目前中国经济发展的能源刚性需求还非常旺盛，煤炭、石油的年消费量逐年提高，这也导致中国的化石能源对外依存度不断飙升，其中石油对外依存度在 2020 年已经达到了 72.5%的历史最高水平，煤炭的对外依存度也由原先的不足 10%上升至 2012 年的 14%，这些数据都远远超过了世界各国的最高水平。

那么,高能源消耗和高对外依存度是否就意味着像中国这样的发展中大国可以继续保持高能耗的生产模式呢?当然不是!对于中国而言,即使要维持适度的经济增长速度,也并非只能进行大规模的技术创新;相反地,只要通过制定和执行积极的能源政策,调整能源消费结构,推进产业结构转型和升级,也能取得良好的节能减排效果,而这才是现阶段中国经济发展所能实现的最佳途径。因此,本书试图从我国汽车产业发展的微观层面、部门间劳动力变动的中观层面以及我国三次产业结构调整的宏观层面等多种视角来考察能源冲击对中国宏观经济不同层面的冲击影响,同时针对不同层面的冲击影响上的差异,有针对性地提出合理的政策建议来应对当前的全球性能源危机,特别是石油价格冲击,从而进一步减低能源的旺盛需求,提高本国经济发展应对外部能源冲击的抵抗力,最终实现中国经济平稳且快速的发展。

第三节 研究方法

根据本研究所涉及的内容,主要采用理论分析、实证分析和规范分析相结合的方法。首先,通过广泛收集和查阅国内外能源冲击和宏观经济的研究文献,梳理已有研究的研究方法和研究结论,评述现有研究的不足和有待改进之处。其次,利用相关经济理论来构建能源冲击对一国宏观经济影响的基础模型,从而为接下来的实证分析提供强有力的理论支持。再次,选择合理的代理变量和完整的样本数据,采用各种线性计量模型(包括协整误差修正模型[ECM]和基于扩展 VAR 模型的 Granger 因果检验方法)、非线性计量模型(平滑转换回归模型

[STR])和可计算一般均衡模型(CGE)以及投入产出法等对样本数据进行实证研究,并对研究结果做出适当的经济学解释;最后,基于得到的实证结果,运用规范分析的方法,提出应该如何制定相应的对策和做出进一步的思考。

第四节 主要内容

本研究的主要内容可概括以下六个方面:1.能源冲击与宏观经济波动的内在关系及其传递路径;2.国际油价冲击与中国宏观经济波动的非对称时段效应;3.能源冲击与中国奥肯定律的宏观稳定性;4.能源冲击与中国部门间劳动力市场需求结构的影响;5.国际油价波动对中国汽车消费需求的非线性冲击效应;6.我国产业结构调整引发能源冲击对区域经济的冲击影响的变化。全书编排为八章,试图在逻辑上和学理上,通过从微观层面到中观层面再到宏观层面的层层递推式研究方式对上述六个方面进行深入的研究和探讨。

自第一次石油危机爆发以来,能源冲击对宏观经济的影响一直是学术界关注的焦点问题。随着国际能源价格的剧烈波动,尤其是石油价格变动与宏观经济关系的日益复杂,经济学家建立各种模型,从不同角度对此进行深入的分析和探讨。第二章将在以往文献的基础上,从横向和纵向两个方面对能源冲击与宏观经济关系的研究现状分别进行论述。第一节是引言部分。第二节从横向发展的研究思路,重点考察了能源经济学领域代表性人物汉密尔顿(James Hamilton)教授的研究脉络。第三节选择纵向的发展脉络,以六大主要分支来展开论述,分别是:能源价格冲击对宏观经济的非对称反应,能源价格冲击传导机制的研究,能源价格、能源消费与宏观经济指标关系的变化,GDP 的能源价格弹性,能源冲击与国际贸易,能源价格冲击和货币政策等。第四节是本章总结部分。

第三章利用 1978 至 2007 年国际油价波动与中国宏观经济活动的相关数据,通过基于扩展 VAR 模型的格兰杰(Granger)因果检验,系统考察了不同油价冲击形式对国内宏观经济活动的影响程度和作用机理,从而发现不同经济发展阶段下不同油价冲击形式所产生的"非对称时段效应",并由此给出相应的政策建议。第一节是引言。第二节是文献综述。第三节为本章的研究方法,包括 ECM 和基于扩展 VAR 模型的 Granger 因果检验。第四节是本章的实证分析,包括变量选择与数据来源的描述、单位根检验、Johannsen 协整检验、基于扩展 VAR 的 Granger 因果检验、脉冲响应分析及方差分解。第五节是本章的主要结论和政策建议。

第四章在传统的线性奥肯定律和平滑转换回归模型基础上,构建了一个非线性奥肯定律模型(Nonlinear Okun's Law),结合国际油价的外部供给冲击,系统地考察了奥肯定律这一经验规律在我国的存在性和非线性。第一节是引言。第二节是非线性奥肯定律模型的构建。第三节是实证结果,包括数据来源的统计性描述以及实证分析。第四节是外部冲击下的中国奥肯定律研究。第五节是本章的主要结论。

第五章在 CGE 模型的基础上,结合 2007 年社会核算矩阵(SAM),模拟了国际能源冲击下中国宏观经济活动以及微观劳动力市场的变动情况,同时具体分析了能源冲击对部门间劳动力市场需求结构的影响和传导机制。第一节是问题的提出。第二节是文献综述。第三节是可计算一般均衡模型的构建及数据说明。首先是 CGE 模型的构建,其次是 CGE 模型的数据描述。第四节是情景模拟与进一步讨论,主要探讨能源冲击对中国宏观经济活动指标的影响,能源冲击与各部门内部劳动力需求的变化,能源冲击对中国各类劳动力收入的影响等三方面内容。第五节是本章的主要结论。

第六章利用 1997 至 2008 年国际油价与中国汽车需求量的时间序列数据,构建了一个非线性 LSTAR 模型,系统考察了二者之间的内在结构关系和冲击效应,同时也模拟了不同油价冲击情景下国内汽车需求消费量的响应程度。第一节是问题的提出。第二节是文献综述。第三节是模型设定与检验方法。第四节是实证结果,包括数据来源及样本说明,模型估计(单位根检验、Granger 因果检验以及 LSTAR 模型的估计与分析)、冲击模拟分析等。第五节是本章的主要结论。

第七章通过投入产出模型和 RAS 法分析产业结构调整对缓解能源区域经济冲击的影响,并给出了短期规划和长期规划产业结构水平的最优收敛路径。在当前产业结构发展水平下,能源价格上涨对区域经济有较大的冲击效应,但随着产业结构调整的不断深入,能源区域经济的冲击效应将逐渐弱化。第一节是引言。第二节是文献综述。第三节是投入产出价格模型与 RAS 法的修正,包括投入产出价格模型,RAS 法外推投入产出表。第四节是实证结果,包括数据来源与计算说明、能源部门的价格上涨对目前浙江省经济的冲击影响、产业结构的调整对能源区域经济的动态冲击影响。第五节是本章的主要结论。

第八章是本书的主要结论与研究展望。第一节是六个主要方面研究的主要结论。第二节是未来研究的进一步展望。

第五节　可能的创新点

本书的创新点有以下五个方面：

1. 本书研究发现，在中国经济发展的不同阶段中，国际油价的原序列、国际油价波动序列、国际油价上升序列、国际油价下降序列以及净石油价格增量序列等五种不同的油价冲击形式存在明显的"非对称时段效应"。换言之，不同的国际油价冲击形式对中国经济的传导机制和影响程度各不相同，而这一点在以往研究中是被忽略的。

2. 本书在传统的线性奥肯定律和平滑转换回归模型基础上，构建了一个非线性奥肯定律模型，结合国际油价冲击，系统考察了奥肯定律在中国的存在性和非线性。研究发现，传统的线性奥肯定律在中国已经失效（这一点与已有的大部分研究结论基本一致），但是却呈现出明显的非线性特征，经济扩张和经济收缩对失业的影响具有截然不同的非对称效应。特别是在国际油价的外部冲击下，奥肯定律在我国出现了一定程度的偏离，而且呈现出线性和非线性特征的频繁转换。

3. 本书基于2007年编制的SAM表，构建了一个符合中国国情的CGE模型，通过模拟能源价格上涨10%、30%和50%的三组不同情景，从产出效应和替代效应等两种不同的影响路径考察了中国劳动力市场内部各部门劳动力需求以及各类劳动力收入的变动情况。

4. 一般而言，石油和汽车是一对典型的互补性产品，然而已有的实证研究却忽视了能源价格冲击对一国汽车行业的冲击影响。本书构建了一个非线性模型，系统考察了国际油价冲击对我国汽车行业造成的冲击影响，结果发现，国际油价波动对中国汽车消费需求的影响具有明显的非对称性。特别是在1997至2008年间，国际油价波动与中国汽车消费需求变化存在从线性到非线性的频繁转换。这一结论区别与传统的线性结论,具有重要的理论意义和现实价值。

5. 虽然早期的研究文献表明,通过产业结构调整来缓解能源-区域经济冲击效应是一条有效的可行性路径。但是这种结构调整却面临着两难选择:一方面,过快、过大的产业结构调整很容易会导致一个国家或区域陷入长期的经济衰退陷阱中;而另一方面,缓慢的产业结构调整也会丧失区域经济增长方式转变的最佳窗口。如何选择最佳的时机直接影响着区域经济的健康、有序、稳定发展。本书以高增长、高耗能、低自给率的浙江省为典型案例,研究了产业结构调整对缓解能源区域经济的冲击传递效应和最优收敛路径。

第二章
文献综述

第一节 引言

20世纪70年代至80年代间,相继爆发了两次全球性的石油危机,使得西方各国经济遭受重创,甚至陷入滞胀的衰退泥潭而无法自拔。人们开始普遍地认为,此次经济衰退的幕后黑手应该是迅速高企不下的国际油价。正是由于高涨的石油价格给西方世界的经济发展带来了成本推动型的通货膨胀,极大地抑制了各国国内居民的消费需求和生产者的投资需求,从而严重地抑制了一个国家或地区的经济增长速度(陈宇峰、陈启清,2011)。不可否认,能源价格的短期大幅上涨的确给当时世界各国的经济造成了巨大的负面影响。此后的一段时间内,越来越多的经济学家开始密切关注能源价格的波动,尤其是石油价格变动对宏观经济的影响,并涌现出大量关于"能源冲击与宏观经济"这一主题的研究文献。但是,1986年的国际石油价格的下跌并没有给美国、日本等世界主要工业国家带来预期中的经济繁荣发展。随之,油价波动对经济影响的这一非对称性分析已成为接下去一个阶段的重要研究内容。随着世界各国经济的异质性发展,主流经济学家开始发现能源价格与宏观经济的关系正在日益复杂化,能源价格冲击对国民经济的影响也逐渐发生了本质性变化,特别是石油价格上涨对国民经济的影响要大于同等程度油价下降对国民经济的影响。之后,一大批经济学家又从能源冲击的经济传导机制、能源价格与宏观经济的稳定性、GDP 的能源价格弹性等六大分支展开了更为深入的研究。

从 20 世纪 70 年代开始,能源价格波动(主要指油价波动)对国民经济影响的研究一直是国际能源经济学家、集大成者汉密尔顿教授研究的重要组成部分。可以这么说,他对能源经济的研究思路贯穿了整个能源经济学研究的发展脉络,现代能源经济学家的很多工作都是在汉密尔顿的这些研究基础上深化扩展起来的。因此,在纵览大量研究文献的基础上,本章将从横向发展和纵向进路两方面对"能源冲击与宏观经济"这一领域的国内外研究现状展开详细的论述。

本章余下部分的结构如下:第二节从横向发展即以时间顺序的研究进路来论述汉密尔顿的主要研究。第三节从纵向发展的六大分支——能源冲击对宏观经济的非对称反应、能源冲击传导机制的研究、能源价格、能源消费与宏观经济指标关系的变化、GDP 的能源价格弹性、能源冲击与国际贸易以及能源冲击和货币政策等——来论述能源冲击对宏观经济的影响。第四节为总结性评述。

第二节 横向发展的研究进路: 以汉密尔顿为代表

国际能源经济学集大成者、加州大学圣地亚哥分校汉密尔顿教授一直致力于研究能源价格波动,尤其是油价冲击对各国宏观经济的影响,他对这一领域的研究具有开创性的贡献,也为其他相关领域的研究奠定了理论分析的重要基石。总结而言这几十年的研究贡献,既可清楚地了解"能源冲击与宏观经济"的这一研究发展历程,也可明确未来这一领域的可能性方向。我们在这里,可将汉密尔顿的研究工作按照时间发展分为三个阶段。

第一阶段的工作重点主要是证实能源价格上涨将导致一个国家或者地区的国民经济衰退。Rasche 和 Tatom(1977,1982)从供给角度出发考察美国石油价格与总产出关系后,认为石油价格上升会导致总产出下降。Bruno 和 Sachs(1979)则从总供给和总需求两个角度出发,也得出了类似的研究结论。他们认为,对于较严重依赖于石油进口且国内对石油消费替代能力有限的国家来说,国际油价的短期大幅上涨将会带来总供给和总需求曲线双双向左移动,进而导致总产出水平大幅下滑。然而,汉密尔顿教授却对此提出了两点疑问。第一,油价上涨与经济衰退同时出现是否纯属历史偶然现象,抑或是其他的因素作用才引起国际油价上升,进而导致经济的全面衰退? 第二,两者的相关性是对称的,但是否真的存在因果关系呢? 于是,Hamilton(1983,1985)重新综合供给和需求两个方面,通过研究"二战"以来国际油价波动对美国宏观经济的影响,为这一研究领域的后续发展提供了突破性的重要证据。在考察分析了美国 1947 至 1981 年间的经济发展数据之后,他发现:在每次经济衰退之前,国际油价几乎都有明显的上涨,并且国际油价的上涨与美国经济活动之间存在着很强的负相关关系。因此,他建立了一个包括 GNP、通货膨胀率、失业率等 6 个变量的 VAR 模型,并通过 Granger 因果检验,得出如下重要结论:国际油价上涨的确是经济衰退和通货膨胀的罪魁祸首。汉密尔顿的这一研究成果可以说为能源经济学奠定了重要的理论基石,之后的很多研究工作都是围绕这一基础进一步展开的。

第二阶段的工作重点主要是研究能源价格冲击对宏观经济的非对称影响。国际石油价格冲击会导致一个国家或一个地区的经济衰退,这一观点已被大多数人所接受。从已有的文献不难发现:早期的研究者都默认国际油价与 GDP 之间存在一种稳定的线性关系,即油价的上涨导致国民经济的衰退。那么,反过来说,国际油价的下降也会使一国的经济产出大大增加。但是,20 世纪 80 年代,国际油价的突然崩溃并没有给美国经济带来了预想的盛世繁荣。也就是说,国际能源冲击的非对称性影响开始慢慢显现出来了,即油价上升对经济的影响程度要远远大于油价下降对经济的影响程度。Hamilton(1988)用"部门转移效应"来解释国际油价对国民经济的非对称影响。他认为,国际油价冲击主要通过削弱关键消费和需求来影响宏观经济,而且油价变动对不同部门的影响是不同的。例如,国际油价的上升会减少一些部门(如能源密集型部门)的投资与中间消费需求,同时也会增加另一些部门(如石油勘探部门)的投资与中间消费需求。但是,在短期内,部门间的劳动力转移以及资本重新配置的成本都非常高,失业的增加和资源的未充分利用等因素必然会导致一个国家或者一个地区的经济衰退。然而,这只是从理论上解释油价冲击对国民经济的非对称效应。此后,Hamilton(1996)在莫克(Knut Mork)研究的基础之上进一步从实证的角度说明国际油价以何种非对称形式冲击宏观经济。Mork(1989)曾采用所谓的 Mork 序列[①]来研究国际油价对一个国家或地区国民经济的非对称影响。但是,汉密尔顿认为,Mork 序列并不是很好的处理方式。为此,他便提出用净石油价格上升(NOPI)来反映国际油

---

① Mork 序列是指如果当前油价超过上一期油价,则油价冲击定义为两者之差,否则为 0。

价冲击的经济效应。他强调,大部分的国际油价上涨仅仅是抵消之前的国际油价下降。因此,用当前季度的国际油价与前四个季度国际油价相比更为合适。如果当前季度国际油价超过前四个季度的最高价,那么 NOPI 定义为两者之差,反之 NOPI 为 0(Hamilton,1996)。Hamilton(1996)重新将 Hamilton(1985)原先至 1983 年的样本区间进一步扩展为 1948 年至 1994 年,并通过向量自回归和脉冲响应函数,从而更好地证实了之前的研究结论,即国际油价冲击与美国 GDP 波动存在负相关性。相比于 Mork 序列,NOPI 序列对 GDP 的影响更为显著。此后,越来越多的主流经济学家也开始采用 NOPI 序列来分析国际油价对国民经济与不同行业的影响。

  第三阶段的工作重点则是通过一种灵活的方法来证实能源价格变化与 GDP 增长之间存在不稳定的非线性关系。经济学家之前的一些研究已发现,能源价格冲击和宏观经济之间存在着非对称关系,但他们认为这一非对称关系还是相对比较稳定的。但是,从对 1985 年以后数据的分析不难发现,国际能源价格的波动与宏观经济变量之间的相关性远不如以前那样显著。一方面是由于 1985 年后国际油价的波动越来越剧烈,另一方面是由于技术进步和科技发展,各个工业国家的产业结构都发生了巨大的变化,抵抗国际油价波动的风险能力也不断增强。由此,国际油价波动对各国国民经济的影响也开始逐渐减弱。Hamilton(2003)认为,国际油价波动和宏观经济变量间的这一非线性关系不再那么稳定,传统的线性研究方法和模型的设定也就不再具有原来的普适性。因此,他接下去考虑了一个更为完善的非线性回归模型:$y_t = \mu(x_t) + \delta' z_t + \varepsilon_t$。其中,$y_t$ 是因变量,x_t 和 z_t 分别是 k 维和 p 维解释变量向量,ε_t 是误差项。通过改变这一方程的参数,就可得到不同的回归模型和实证结论。Hamilton(2011)重新选择不同时期的国际油价数据、不同的油价测算方法对能源价格波动与宏观经济之间不稳定的非线性关系进行总结性的重新分析,在理论上证明了国际油价变化和产出之间存在着一种非线性函数的可能性关系;要预测 GDP 增长必须使用非线性函数,且预测时油价上涨要比油价下降重要得多。但是,由于历史数据并没有提供足够的信息,所以并不能给出特定的函数关系式。汉密尔顿这一研究尽管还没有给我们接下去的研究提供一个更为明确精准的理论模型,但为今后的研究开辟了一条新的道路,提供了一种全新的研究视角。

第三节　纵向研究的发展脉络：六大主要分支

随着石油和煤炭等化石能源在现代经济发展中的战略地位日益突出,许多经济学家沿着汉密尔顿的研究思路对能源价格和宏观经济的关系进行了更为深入、系统的探讨,极大地丰富了汉密尔顿的研究成果,成就了当代国际能源经济学的前沿方向。结合已有的研究文献,从以下六个分支讨论了当前关于能源冲击经济效应这一领域的前沿方向。

一、能源价格冲击对宏观经济的非对称反应

所谓"非对称反应"(Asymmetric Effects),是指能源价格上涨对一个国家或一个地区国民经济的影响要大于能源价格下跌对国民经济的影响程度。由于西方发达国家的能源消费主要以石油消费为主,因而

西方经济学界关于能源价格冲击对宏观经济的非对称反应研究还是主要集中于分析国际石油价格冲击对宏观经济的非对称效应。Mork(1989)对1949至1988年美国各个季度宏观经济数据进行稳定性检验,考察1986年国际油价崩溃前后石油价格冲击对美国国民经济的影响机制是否发生了本质性变化。他的研究创新性地提出了国际油价冲击对一个国家的经济产出具有显著的非对称影响。Mory(1993)把国际油价的冲击效应分解为正的油价冲击效应和负的油价冲击效应,研究发现正的油价冲击是美国主要宏观经济变量的Granger原因,而负的油价冲击则不是。Lee、Ni和Ratti(1995)利用GARCH模型估计国际石油价格变动的条件波动率,发现国际石油价格冲击和GDP之间存在着稳定的关系,但国际石油价格变化大小和国民经济的冲击大小之间并不存在一一对应的稳定关系。也就是说,国际油价冲击存在非对称效应。Hooker(1996)通过对美国1948至1994年季度数据的分段分析也发现,20世纪70年代国际油价的快速上涨对各国经济有着显著的负面影响,而20世纪80年代国际油价的下降对国民经济却是影响甚微。Davis、Loungani和Mahidhara(1997)的实证研究发现,国际油价波动对经济就业的影响也是不对称的,根源在于国际油价冲击会导致劳动力资源在国民经济的各个部门间重新配置。在冲击程度相当的情况下,国际油价的上涨对美国失业率的影响要远大于国际油价下跌对就业增加的影响。然而,Kilian和Vigfusson(2011)在最新的一项实证研究中对传统的能源价格冲击与国民经济的非对称效应提出了巨大质疑。他们认为,并没有足够的证据能够表明当石油等化石能源的实际价格发生未预期到的突然上涨时,美国宏观经济的实际GDP将会明显下滑,而当实际价格出现未预期到的突然下跌时,美国的国民经济却不会做任何的反应。

进入 2000 年以来,国内外学术界涌现出一大批经济学工作者对其他国家能源价格冲击对宏观经济的非对称反应进行翔实的验证。Lardic 和 Mignon(2008)以加拿大、法国、德国等 18 个国家为实证对象,得出各国的经济增长和国际石油价格的变动之间存在着在一种稳定的长期关系,而且两者之间也存在着明显的非对称效应。Juncal 和 Fernando(2003)对一些欧洲国家(德国、比利时、奥地利、西班牙、芬兰、法国、爱尔兰、意大利、卢森堡、葡萄牙、英国、荷兰、丹麦、希腊、瑞典等)的实证研究也得到了类似的研究结论。Zhang(2008)使用一种非线性的新方法重新对"二战"后国际油价与日本经济增长数据做了重新实证分析,国际油价冲击对日本的国民经济波动存在显著的非对称效应,油价上涨对日本经济的影响要远远大于等量油价下跌对日本经济的影响。Kumar(2009)采用包含线性和非线性设定的多变量 VAR 模型对国际油价冲击与印度宏观经济的相关性进行实证分析。他认为,在 1975 年第一季度至 2004 年第三季度间,国际石油价格波动对印度宏观经济产生明显的非对称反应。而且,当国际石油价格上涨 100% 时,印度工业部门的生产增长速度将下降 1%。陈宇峰、俞剑和陈启清(2011)结合国际油价的外部供给冲击,在传统的线性奥肯定律和平滑转换回归模型基础上,构建了一个非线性奥肯定律模型,系统考察了国际油价冲击对我国产出增长和失业率的影响。结果发现,国际油价的外部冲击对我国的失业率直接影响程度较小;相反,油价上涨引起的外部供给冲击将间接导致我国产出缺口与失业率之间的替代关系发生根本性逆转,使得两者之间呈现正相关。然而,目前我国失业率水平始终处于高位运行也暗示着国际油价的下跌并没有实质性降低我国的失业率水平,这一结论同样表明了国际油价冲击对中国宏观经济的非对称反应。陈宇峰和陈准准(2012)则利用 CGE 模型进一步模拟国际能源价格波动对中国部门间劳动市场的非对称效应和传导机理。实际上,林伯强、魏巍贤和李丕东(2007)也指出,中国的一次能源消费形式以煤炭为主,煤炭价格的持续高速增长将对我国经济的增长形式产生不容忽视的负面影响。而另一方面,由于我国高耗能、高污染产业的煤炭利用效率低下,加上企业转型仍未完全实现,即使煤炭价格出现下滑,也不可能对我国的经济增长产生明显的正面促进作用,反而只会继续加剧资源浪费的现象。因此,从某种意义上说,煤炭价格冲击对于我国宏观经济也有着一定的非对称反应。

二、能源价格冲击传导机制的研究

能源价格冲击的非对称影响是一个很有意思的研究问题。为什么能源价格的正向冲击和负向冲击会对国民经济产生不同的影响呢?这一问题引起了众多经济学家对国际能源价格冲击传导机制的关注,从而引发了国际能源价格冲击的传导机制研究。根据陈忠达(2005)和一些相关的研究文献,关于能源价格冲击(尤其是石油价格冲击)传导机制的研究大致可以分为"总量效应"(Gross Effects)理论和"分配效应"(Allocative Effects)理论等。

总量效应主要研究传统宏观经济所强调的潜在产出、收入转移和工资黏性的影响,它对经济的影响是对称的,主要有以下三种假设。

1. 实际余额假说。该假说认为,在国际油价上涨而货币供应量保持不变的前提下,一方面会提高利率,抑制投资需求,另一方面也减少了实际余额,降低消费需求,从而导致经济衰退(Pierce、Enzler,1974)。

2. 供给冲击假说。供给冲击假设认为,石油和煤炭等化石能源是所有行业生产过程中必不可少的投入要素,石油和煤炭等能源价格的持续高涨可能会引发其他行业的成本上升,导致能源投入的减少和总产出的下降。在这种情况下,厂商必然会减少生产部门的劳动需求,从而进一步加剧失业率的上升,经济产出的减少和实际利率的提高(Rasche、Tatom,1977,1981;Barro,1984;Brown,1999;Woodford,1996;Finn,2000;Brown、Yucel,2002)。

3. 收入转移假说。该假说主要从需求的角度来解释能源价格冲击的传导机制,具体来看,国际油价的上涨使得石油净进口国的收入转移到石油净出口国,但石油净进口消费需求的减少大于石油净出口国消费需求的增加,从而导致了世界总的能源消费需求急剧减少(Fried、Schulze,1975;Dohner,1981)。

分配效应主要研究能源价格变动时企业所期望的劳动、资本水平与实际水平的差距的影响,它对经济的影响是非对称的,主要有以下两种假设。

1. 劳动力配置假设。Keane 和 Prasad(1996)通过对大量个体数据分析发现,国际石油价格的上升会降低所有工人的工资水平,但相对而言提高了技术工人的工资水平。国际石油价格提高的时候,工人们并没有持续涌入到相对工资提高的部门,而是大量进入技术要求很低的部门——比如零售业、服务业等——并降低了这些部门的工资水平。这一现象似乎与人们的直觉判断相违背,但事实的结果的确如此。究其原因主要还是技术差别,因为国际石油价格的上升会导致一部分技术水平较低的工人失去工作,只能在需要最少技术的行业中寻找新的工作。因此,国际石油价格的上升和总的就业量之间在短期内呈现出负相关性,失业率的增加也将进一步导致国民经济的衰退。Rotemberg 和 Woodford(1996)指出,单纯考虑国际石油价格的变动通过对石油投入的影响,进而改变总产出水平是远远不够的,还需要考虑石油价格变动对经济体中另外两个重要的投入要素——劳动和资本——的影响。于是,他们从不完全竞争的市场结构角度解释了高油价对劳动投入的冲击效应。Kooros、Sussan 和 Semetesy(2006)通过对美国路易斯安那州的数据分析指出,国际能源价格的波动会影响到很多行业,而且能源价格上升付出的代价主要通过降低劳动力的工资水平来弥补,出现大量失业。短期内,不可能通过实现重新配置的劳动力,进而影响到国民经济的发展。

2. 预期假设。未来能源价格的不确定性会影响人们的消费需求水平。买进口小汽车,还是大型的 SUV 呢? 这可能取决于未来汽油的可获得性和预期价格。Bresnahan 和 Ramey(1993)指出,1974 年和 1980 年的石油价格冲击引起了美国国内汽车厂商的石油利用率和民众购买各类车型的需求双双下滑。Hamilton(2000)也指出,能源的价格预期和可获得性可能与人们对很多耐用消费品(包括住房)的消费决策息息相关。当对这些信息毫无头绪时,理性的决策就是延迟购买。而能源价格不规律波动必然会增加这种不确定性,进而积聚经济风险,最终导致需求低迷和经济衰退。前美联储主席伯南克(Ben Bernanke)教授在早期的一项研究中也曾指出,能源价格冲击会延迟企业的投资,因为企业无法确定这种外部冲击是暂时性的还是永久性的,因此不得不推迟企业当期的投资行为。而企业的这种延迟投资决策行为,会降低整个社会的现期投资规模,进而影响一个国家或者一个地区的经济发展水平(Bernanke,1983)。

近年来,国内许多学者也对能源价格冲击的传导机制进行了相关研究,林伯强和牟敦国(2008)运用 CGE 方法研究了石油和煤炭等化石能源价格上涨对中国经济的传导效应。结果发现,能源价格上涨对中国宏观经济具有紧缩作用,但对不同产业的紧缩程度不一致,能源价格除了影响经济增长之外,还将推动产业结构的调整。陈宇峰和陈准准(2012)在 CGE 模型的基础上,模拟了国际能源冲击下中国宏观经济活动以及微观劳动力市场的变动情况,同时具体分析了能源冲击对部门间劳动力市场需求结构的影响和传导机制。研究发现,在面对能源价格冲击时,不同部门的劳动力需求变化各不相同,制造业、农林牧渔业等劳动力密集型部门倾向于提供更多的劳动岗位,而其余大部分部门则倾向于缩减劳动岗位的供应;在收入方面,随着能源价格上涨,各类工人收入都会出现不同程度的下降,其中以技术工人降幅最大,产业工人次之,而农业工人的收入在能源价格上涨到一定程度后会出现上升。

通过上述文献可知,能源价格波动的非对称影响主要是由能源价格传导机制的不同引起的,不同的传导路径共同影响着宏观经济活动。石油和煤炭等资源作为工业发展的重要原料,在当今世界经济进程中依然扮演着十分重要的角色,化石资源价格上涨往往通过需求、供给和就业等各个途径消极地影响着宏观经济。随着全球经济的持续不断发展,世界各国对石油和煤炭等化石资源的需求也将持续增加,只有真正理解能源价格冲击的传导机制即能源价格冲击如何引起失业、通货膨胀和经济衰退,才能较好地应对能源价格冲击所引发的各类现实问题。

三、能源价格、能源消费与宏观经济指标关系的变化

早期的研究已表明,能源价格上涨对宏观经济的影响主要体现在直接影响和间接影响两个方面。直接影响主要表现为通货膨胀,而间接影响则表现在货币政策方面(如图 2-1 所示)。从直接影响来看,能源价格上涨将通过通胀预期、需求层面和供给层面三种途径来影响通货膨胀。首先,石油和煤炭等化石资源的价格会影响经济中的通胀预

期,能源价格上涨传递至其他经济部门越多,经济发展对能源的依赖程度越大,通货膨胀向上调整的风险也就越大。一旦能源价格冲击引起通胀上升,那么通胀预期又会进一步推动通货膨胀率攀升。其次,能源价格上涨对需求层面和供给层面的影响也较为显著。

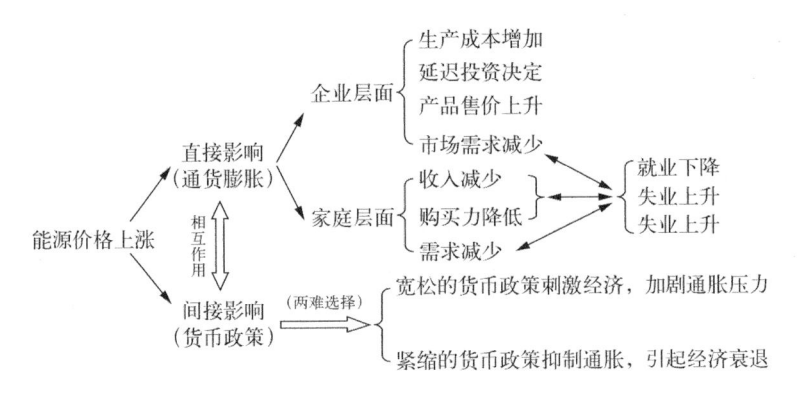

```
                          ┌─ 生产成本增加
                          │  延迟投资决定
                    企业层面┤  产品售价上升
          直接影响 ─┤       └─ 市场需求减少 ──┐
         (通货膨胀)  │                      │── 就业下降
能源价格上涨 相互     │      ┌─ 收入减少  ─┐ │   失业上升
         作用       家庭层面┤  购买力降低 ─┤─┘   失业上升
          间接影响 ─┤       └─ 需求减少  ─┘
         (货币政策) (两难选择)┌ 宽松的货币政策刺激经济,加剧通胀压力
                          └ 紧缩的货币政策抑制通胀,引起经济衰退
```

图 2-1　能源价格上涨对一国宏观经济的传导路径

但是,从 1985 年以来可获得的美国和一些欧洲工业国家的数据看,能源价格和经济活动之间的相关性要比我们预想的弱得多。这表明能源价格与主要宏观经济指标,特别是石油价格与 GDP 之间的关系已经发生了微妙的变化,也意味着油价变化已经不再是影响宏观经济的主要原因,很多其他的因素正对宏观经济运行起着越来越重要的作用,能源价格与经济指标之间的关系也日益复杂。Hooker(1996)最主要的贡献在于证明 1973 年是一个节点,1973 年以后石油价格已经不再是美国很多宏观经济变量变化的 Granger 原因,油价也不再是美国经济的外部冲击,而成为内生变量,线性 VAR 模型已不能正确地揭示油价和宏观经济变量关系的本质。Hooker(2000)还发现油价和宏观经济的关系已不能简单地用价格上升与价格下降的不对称性来表示,在 1980 至 1998 年的实证样本中,NOPI 等油价冲击形式已经不是宏观经

济指标变化的 Granger 原因。Robalo 和 Salvado(2006)通过 Chow 断点检验得出结论:从 20 世纪 80 年代中期开始,葡萄牙的油价与 GDP 关系已经发生了本质性变化。他们使用五变量的 VAR 模型对 1968 至 2005 年间的数据进行 Granger 因果检验和脉冲响应分析后发现,只有 1968 至 1985 年之间存在油价到失业率的因果关系,油价冲击对失业率和通货膨胀率有持续的效应,而对就业和 GDP 则没有。

同样地,能源价格、能源消费与宏观经济指标关系地改变也出现在一些发展中国家。陈宇峰和陈启清(2011)采用基于扩展 VAR 模型的 Granger 因果检验对中国 1978 至 2007 年宏观经济指标(包括实际 GDP、人民币实际汇率、基于 CPI 的通货膨胀率)的研究发现,油价冲击对中国经济的影响有明显的时段效应。在 1980 至 1993 年时间段,油价波动对经济的影响不大,且单向 Granger 引起 GDP 增长;而 1994 年以后,油价冲击造成的通货膨胀率、实际 GDP 波动幅度更大、持续时间更长,油价变动与 GDP 增长率相互影响。油价冲击与经济变量关系的改变主要和中国的经济现状密切相关。1994 年起,中国成为原油净进口国,石油的对外依存度也逐年提高。而且,目前中国正处于经济结构转型阶段,石油消耗量与日俱增,能源利用效率普遍低下,油价的剧烈波动必然会对经济造成更大的影响。林伯强、魏巍贤和李丕东(2007)的研究表明,中国高速经济增长是煤炭消费增长的主要原因,但煤炭需求不是引导 GDP 增长的 Granger 原因。Narayan 等(2007)应用协整和误差修正模型,使用斐济岛 1970 至 2005 年的年度数据分析了油价与实际 GDP 之间的关系,结果表明油价冲击对实际 GDP 有正向效应:在短期内两者互为 Granger 因果关系,而在长期内油价是实际 GDP 的单向 Granger 原因。林伯强和王峰(2009)运用投入产出价格影响模型,在能源价格不受管制和受到管制两种情景下,模拟了能源价格上涨导致一般价格水平上涨的幅度。结果发现,即使能源价格上涨可以完全和顺畅传导到一般价格水平的情况下,如果不考虑预期因素等对价格的影响,各类能源价格上涨导致一般价格水平上涨的幅度都是比较小的,而且存在着明显的滞后期。这与以往的研究结论即当国际油价上涨时,必将给石油进口国带来输入型的通货膨胀有所不同。林伯强(2010)回顾了2008年爆发全球金融危机以来,国内能源价格、能源消费与宏观经济指标之间的关系变化。他发现,2009年一季度中国GDP同比增长6.1%,工业增长5.1%,但能源消费与GDP增长之间出现背离,表现为石油需求下降3.5%,用电量下降3%。这一现象与早期的能源经济研究中所指的能源消费是GDP的重要支撑这一主流观点相背离。为什么会出现这种现象呢?他认为,原因有两点。第一是库存因素,金融危机爆发使得市场需求突然下降,企业无法做出逐渐减产的应对,使得库存大幅增加。而在消耗库存期间,钢材耗费支持经济增长,但用电量却出现下滑。也就是说,在短期内,库存可能使得GDP增长与电力消费出现明显背离。第二个因素是中国现阶段经济发展模式和电力消费结构,因为现阶段电力消费高度集中在几个行业,所以可能放大了GDP增长与电力需求的严重背离。

能源冲击与宏观经济变量关系会发生本质的改变,这又是一个非常重要的发现。对于发达国家而言,经济发展已经到达了一定的高度,经济结构的变化、能源利用率的提高以及新能源的使用都将大大提高抵抗油价风险的能力,油价冲击对经济的影响必然会不断降低。然而,对发展中国家而言,情况则完全不同。近些年,中国、印度、巴西等新兴经济体已经成为世界经济发展的主要推动力量,石油消费量更是急剧飙升,但这些国家的产业结构和生产方式并未完成升级和转型,能源价格波动必将使得发展中国家受到更大的伤害。不过,这也很有可能成为倒逼发展中国家经济结构发生根本性转变的一个千载难逢的契机。

四、GDP 的能源价格弹性

能源价格变化(主要指价格上涨)会对 GDP 产生负面影响,那么如何测度这种影响的大小呢?一般说来,能源价格冲击对 GDP 的影响也可用 GDP 的能源价格弹性来推算,GDP 的能源价格弹性则可根据 VAR 系统的脉冲响应函数中 GDP 对能源价格冲击的脉冲响应系数之和来计算,也可以通过一般均衡模型(CNAGE)或协整分析得到。通过弹性测度,我们可以更直观地了解油价冲击对 GDP 的影响。

根据 Rasche 和 Tatom(1977)的估计,石油价格每上升 1% 会导致美国长期实际 GNP 下降 7%。Mork(1989)发现,油价上涨 10% 大致引起 GNP 增长下降 1.4%。Sanchez(2004)的研究表明,油价上涨 10% 大致引起 GNP 增长下降 0.4%—0.6%。我们发现,从 20 世纪 70 年代到 21 世纪初,美国 GDP 的石油价格弹性不断降低,说明美国经济对油价波动的敏感性正不断减弱,油价冲击的影响在逐渐减小。Türkekul 和 Unakitan(2011)运用误差修正模型,采用 1970 至 2008 年间的柴油和电力消费量来考察土耳其农业部门的 GDP 能源价格弹性,得出 GDP 的柴油价格长期弹性是-0.38,而 GDP 的电力价格长期弹性是-0.72。Ziramba(2010)也得到了类似结论。他指出,1980 至 2006 年间,南非的 GDP 能源价格长期弹性为-0.147。Olomola 和 Adejumo(2006)研究表明,油价变化对尼日利亚的产出有微小的正面影响,几乎可以忽略不计,但对未来的 GDP 的石油价格弹性可能为负。Kumar(2009)也认为当前国际油价对印度宏观经济的影响较弱,即使国际油价增加一倍,印度经济的增长速度也只会降低 1%,这一影响程度几乎可以忽略。

陈宇峰(2009)通过对俄罗斯的经验数据分析发现,石油价格对人均 GNP 的影响弹性系数为 0.1211,即石油价格每上升 1 个单位,俄罗斯人均 GNP 就会增加 0.1211 个单位,但是在长期内,石油价格的正向冲击会使俄罗斯增长步伐放缓。Rautava(2004)的研究指出,俄罗斯作为世界石油出口大国,从长期来看,当国际油价持久性上涨(下跌)10%时,该国的 GDP 将增加(减少)2.2%。何晓群和魏涛远(2002)通过 CNAGE 模型剖析了世界油价上涨对中国经济的影响。结果发现,世界油价每上涨 10%,我国经济增长率将下降 0.1%左右,但其对我国经济增长的影响力是边际递减的。徐剑刚等(2006)通过构建 VAR 模型对 1994 年 1 月至 2004 年 6 月的数据进行了分析,也得出石油价格上升会导致中国经济增长下降的结论。他们认为,GDP 滞后两年的石油价格弹性约在-0.07 至-0.14 之间,即石油价格上升 1%将导致未来两年中国实际 GDP 下降约 0.07%至 0.14%。陈忠达(2005)分别采用对称模型和价格分解模型研究油价对中国人均实际工业总产值的影响。平均来说,中国人均实际工业总产值对国际油价的弹性大约为-0.024。但如果考虑到油价变动对经济影响的非对称性,区分正的油价冲击和负的油价冲击后,人均实际工业总产值的石油价格弹性变为-0.046。杨建辉等(2008)运用协整理论的研究则发现,国际原油价格与我国 GDP 呈现正相关关系,国际油价上升 1%,实际 GDP 增加 0.649%。

由此可见,不同的研究对象、实证样本以及研究方法,得出的 GDP 的石油价格弹性也会有所不同。我们认为,GDP 的石油价格弹性的改变主要是由一国经济结构的变化所引起。对于石油出口国而言,处理好各部门、各行业间的资源配置,使其平衡发展是一国经济可持续发展的重要保证。像尼日利亚、俄罗斯等国,虽然短期内油价上涨会促进产出,但这些好处很可能会使得国内大部分资源转移到石油部门,而忽略其他行业的发展。从长期来看,会导致"荷兰病",最终引起一国的经济走向下坡路。相反,对于石油进口国而言,降低石油集约度(oil intensity)①是一项势在必行的工作。Kendell(2000)指出,随着石油集约度下降,油价冲击对经济的影响也会越来越弱。刘强(2005)的理论模型也表明,油价上升对经济的影响与石油集约度有关。当超过临界值后,石油集约度越高,油价上升对当期 GDP 的负向冲击越大;在临界值之下,油价上升反而会使 GDP 增加,但越接近临界值,这种正向作用就越小。像美国这样的发达国家,虽然石油的进口依存度很高,但随着技术进步、产业结构升级,石油集约度会不断降低,因此 GDP 的石油价格弹性也在逐渐减小。而从对中国这一类发展中国家来看,情况又有所不同。尽管目前油价上升对产出可能有积极的效应,但并不意味着油价越高越好,只能说明油价对中国经济影响的拐点可能还未到来。

五、能源冲击与国际贸易

一般而言,关税降低会促进国际贸易的发展。然而,在 20 世纪 80 年代,关税的急剧下降却没有大幅提升国际贸易水平。究其原因,主要是因为两次全球能源危机导致国际贸易运输的成本大幅上升,从而抵消了关税下降对国际贸易的促进作用。换言之,能源冲击会对国际贸易产生负面影响(Bridgman,2008)。那么,石油作为国际交易的主要商品之一,油价变化又会对石油进口国和石油出口国的国际贸易水平产生怎样的不同影响呢? Jimenez 和 Sanchez(2005)指出,油价上升增加

---

① 石油集约度是指生产中石油商品投入所占的比重。

了石油进口国的外汇支出,致使其在国际贸易中受损,从而加剧油价冲击对该国宏观经济的负面影响,而石油出口国在油价上涨中的收益大于损失,油价冲击对石油出口国的经济有积极影响。基于这样的假设,一些经济学家开始关注能源价格冲击与各国国际贸易的密切关系。

Meyer(2007)使用 INFORGE 模型和 GINROFS 模型研究了油价冲击与德国国际贸易之间的关系。他发现,虽然德国是重要的石油进口国,但油价冲击对德国的国际贸易并不存在显著的负面影响。原因主要有两个:一方面,在国际市场上,德国投资品受油价波动的冲击要小于其他的竞争者,因此投资品价格上涨较少,这将会增加德国在国际贸易中的份额;另一方面,德国是投资品的国际供应者,油价上涨导致石油出口国投资需求的增加会对德国产生积极影响。这两方面都会弥补德国作为石油进口国所带来的损失。Amano 和 Norden(1998)发现,实际油价冲击与美国有效汇率之间存在长期的稳定关系,而且前者对后者有着持久性的冲击效应。Bollino(2007)指出,油价上涨会恶化美国的贸易赤字。在美国的制造业中,能源是主要的组成部分,油价上涨会导致产品价格上涨,并持续增加这些商品的进口,增加外汇支出。Narayan 等(2008)使用 GARCH 和 EGARCH 模型对斐济岛 2000 至 2006 年间的数据进行了分析并发现,油价上升会导致斐济元对美元的升值,油价上涨 10%大约会使斐济元增值 0.2%。由此可见,油价上涨将会对斐济岛的国际贸易产生不利影响。Rautava(2004)提出,国际油价的剧烈波动必将通过卢布的贬值和升值来平衡俄罗斯的国际贸易水平。在这种情况下,俄罗斯当局必须要拓宽本国的贸易伙伴和增加贸易的多样化。

Chen 和 Chen(2007)对 1972 年 1 月至 2005 年 10 月间的加拿大、法国、德国、意大利、日本、英国和美国等七个发达国家的实际汇率和国际油价的实际价格进行协整分析,得出各国的实际汇率和实际油价之间存在长期协整关系,而且实际油价波动主导着实际汇率收益率的未来长期走势,这也说明了国际油价的波动将直接影响上述国家的国际贸易。杨建辉等(2008)指出,国际原油价格与中国进口额正相关,而与出口额负相关,由于短期内国际油价波动与出口额关系不显著,国际原油价格不会对出口造成严重打击,如果国际原油价格持续上涨时期较长,那么中国必将遭受较大的出口赤字。Huang 和 Guo(2007)的研究也指出,随着中国石油进口量的不断上升,实际油价冲击将导致中国的实际汇率水平出现小幅升值。Olomola 和 Adejumo(2006)通过方差分解分析发现,第一个季度的油价冲击对尼日利亚汇率波动的贡献率是48%,第八个季度为33%,第十个季度依然有32%,油价冲击对尼日利亚的汇率有显著的影响。他们进一步指出,高油价可能会引起财富效应,增加汇率,从而损害尼日利亚的贸易部门。另外,Navarro(1990)的一项早期研究也表明,日本经济相比于美国经济是电力密集型的,因此电力价格冲击也会对日本的国际贸易产生重大的负面影响。

通过以上文献的分析,我们可得出这样一个结论:油价上涨对各国贸易的影响并不像 Jimenez 和 Sanchez(2005)所说的那样绝对,而是会因不同国家而异。虽然从总体上说,我们可以把所有的国家分为石油进口国和石油出口国,但每一个国家都是一个特殊的个体,有自己特定的经济环境和产业结构,油价冲击对各国的贸易都会有不同的影响。

六、能源价格冲击和货币政策

一般而言,油价冲击都会对经济产生负面影响,从而间接影响一国的货币政策制定。货币当局为了抑制油价冲击所带来的通货膨胀,不得不提高利率,并采取紧缩性的货币政策,而紧缩性的货币政策也会造成一定的经济衰退。更为严峻的是,货币政策的不当选择对于各国的宏观经济而言,其不利影响的程度远远大于国际油价上涨带来的不利冲击。从20世纪美国历史可发现,当1973至1974年间爆发了第一次全球性石油危机时,国际原油价格的急剧上涨给美国经济造成了致命性打击,美国货币当局担心高油价会造成国内的通货膨胀,因此采取了紧缩的货币政策。然而,这种紧缩的货币政策进一步导致了国内的经济衰退,虽然货币当局其后迅速将货币政策由紧缩变成宽松,但由于货币政策"能拉不能推"的特性,无法使得美国经济快速走出衰退泥沼。不仅如此,后来的宽松货币政策又造成了持续的通货膨胀,因此出现了产出下降、价格上升并存的"滞胀"格局。实际上,中央银行在面对油价上涨时往往存在着"两难选择":一方面央行需要采取紧缩的货币政策来降低通胀,但却会引发长期的经济衰退;另一方面,又要实行较为宽松的货币政策来刺激经济发展,却又将加剧通胀压力。

因此,我们不能忽略油价冲击所引起的间接效应,即货币当局为了应对石油冲击而采取的相应货币政策对宏观经济的影响。那么,发生在石油价格冲击之后的经济衰退主要是由冲击本身所造成的呢,还是由货币政策导致的呢?国际经济学界对此一直争论不休,尚无定论。

第一种观点认为,经济衰退是由于应付石油价格高涨所采取的紧缩货币政策所致。Bohi(1989)认为,第一次石油危机爆发以后,美联储为了应对油价上涨所带来的通货膨胀而采取的紧缩性货币政策加剧了美国经济的衰退。Bernanke、Gertler和Watson(1997,2004)进一步证实了Bohi的观点。他们通过VAR模型以及脉冲响应分析指出,面对国际石油价格的冲击,如果美联储保持联邦基金利率不变,那么1973年、1979至1980年以及1990年的经济衰退就不会如此严重。也就是说,美国经济衰退的主要元凶是美联储采取的货币政策。

第二种观点却认为,经济衰退的根源是国际油价高涨引起的外部负向冲击。Ferderer(1996)在他的模型中表明,石油价格冲击本身比货币政策对国民经济产生影响更大。Hamilton 和 Herrear(2001)对 Bernanke 等人采用的数据重新进行了研究,并得出了与其截然不同的结论:石油冲击本身对经济的影响比货币政策的影响更为严重,而且用货币政策抵消这种不利影响的可行性也很难令人信服。他们的研究还发现,石油价格冲击对经济的最大影响要到冲击发生后的第三或第四个季度才会出现,可能的原因是货币政策对通货膨胀的反应是一个重要的过程,而货币政策的作用不能仅仅通过 VAR 模型中的联邦基金利率、短期利率、长期利率或其他一些固定的因素来捕捉。Davis 和 Haltiwanger(2001)发现,石油价格冲击对就业增长的影响是货币政策对其影响的两倍之多。这些研究都表明,紧缩性的货币政策并不是影响宏观经济的主要原因。更进一步研究,Herrera 和 Pesavento(2007)指出,20 世纪 70 年代的货币政策能减轻经济波动;到了前沃尔克时代,货币政策的使用不但不能起到缓解作用,还会放大 GDP、通货膨胀率的波动;而到了沃尔克-格林斯潘时代,脉冲响应和方差分解分析都表明,货币政策的作用已经很小了,即使货币当局对 10% 的油价上涨不做任何反应,通货膨胀依然低于 20 世纪 70 年代的水平。

然而,在其他国家的研究中,Olomola 和 Adejumo(2006)发现油价冲击本身并不影响尼日利亚经济波动,货币政策才是经济波动的一个重要因素。由于货币政策有滞后效应,它对经济的影响不断增加,在滞后到第 10 期时达到最大,大概有 17% 的经济波动是由货币政策引起的。张斌和徐建炜(2010)讨论了国际油价上涨和中国货币政策的关系,得出中国的货币政策无法避免油价冲击带来的经济结构调整,因而需要在一定程度上容忍石油价格波动对宏观经济的冲击,进而避免货币政策过度反应所带来的更为不利的后果。在他们眼中,货币政策的过度反应比国际油价冲击对中国经济产生的负面影响更大。他们进一步指出,中国央行的货币政策在应对高油价冲击时往往存在着两难选择,如果希望通过货币政策应对石油价格冲击所带来的资本投入减少,就必然带来通货膨胀的进一步恶化。在这种情况下,央行的最优选择就是不做出任何货币政策应对,而是等待石油冲击对投资的影响逐渐消失。

由此可见,"油价冲击与货币政策"这一问题目前尚无一个确定的论断。国家不同、经济背景不同、货币政策不同都会对经济有不同的效果。

第四节 本章小结

通过对已有文献的梳理可以发现如下结论。

1.能源价格的变化从供给和需求两方面同时影响宏观经济活动,能源价格和宏观经济之间存在一种非线性关系。能源价格波动会对宏观经济的影响是非对称的,能源价格上升和下降对经济的影响程度不一样,并且能源价格上升比下降的作用更加重要。油价与宏观经济指标关系变化的一些研究都指出,从1985年以来,能源价格和经济活动之间的相关性要比我们预想的弱得多。也就是说,能源价格与宏观经济之间的关系已经发生了变化,能源价格波动对整个世界经济的影响正在逐渐减弱,能源价格与经济指标之间的关系也逐渐变得复杂。能源价格与经济指标关系的改变也出现在一些发展中国家。

2. 能源价格传导机制的研究主要是从总量效应和分配效应两方面进行。经济学家通过理论和实证研究,表明总量效应对经济的影响是对称性的,分配效应是非对称的,能源价格冲击对经济的影响是总量效应和分配效应的综合。也就是说,能源价格上升和下降对经济产生影响的传导机制并不一样。

3. GDP 的能源价格弹性的测度也是一项非常重要的研究。随着经济的不断发展、技术进步和经济结构的改变,各国 GDP 的能源价格弹性也都发生着改变。

4. 能源价格冲击与国家贸易问题是一个复杂的问题,每个国家都面临不同的情况,因此要根据各个国家的实际情况具体分析。

5. 关于能源价格和货币政策的研究,目前还存在多种争论。有些研究认为,货币政策对经济的影响比能源价格本身更为重要。而有些经济学家则给出完全相反的结论。我们认为这主要和一国的经济背景以及所采取的货币政策密切相关。

国际能源价格与宏观经济关系是一个庞大和复杂的体系,随着时间的不断推移,必定会出现更多的问题,有更多的方面需要进行探讨。

从以往的研究可以看出,一方面这些研究主要都集中在美国及西方工业国家,对发展中国家的研究则甚少。然而,从相关研究中我们也可以发现,随着美国等发达国家经济与技术的不断进步以及产业结构的逐步升级,能源价格波动对它们的影响已经越来越小。而对于中国、印度、巴西等发展中国家而言,目前正处于工业化阶段,未完成从能源密集型、资源密集型向信息密集型和知识密集型的转型,第三产业在整个经济结构中的比重还很低,能源消耗量大,而使用效率低,是国际能源冲击中的主要受害者。因此我们认为,在未来的研究中,经济学家将会更多地关注能源冲击对发展中国家经济的影响,对发展中国家进行更深入、细致和系统的研究。

另一方面,现有的研究大都关注于能源价格如何影响一国经济增长、通货膨胀和失业等问题,主要将目光锁定在能源价格上涨所带来的不利影响,而忽略了其他方面。但是,从当前的国际大环境来看,高能源价格已经是一种必然的趋势,其对经济发展的制约不可回避,要解决高能源价格带来的问题,各个国家特别是发展中国家所能做的只能是积极地面对高能源价格时代。从日本、美国等一些发达国家的成功经验来看,高能源价格并不是绝对的坏事,它能变压力为动力,及时改变经济发展方式,使产业结构进一步升级,加速完成国民经济的实质转型。

第三章
国际油价冲击与中国宏观经济波动的非对称时段效应

第一节 引言

石油作为现代工业的血液,对任何一个国家的生产活动、经济发展和社会稳定都具有不可替代的战略作用。中国作为目前世界上最大的转型经济体,在资源的密集投入、工业化以及高速经济增长的互动发展过程中,对石油等基础性资源的依赖程度也与日俱增。从2003年起,我国已成为继美国之后的世界第二大石油消费国。英国石油公司发布的《世界能源统计报告(2021)》显示,2020年中国的石油消耗量已高达6.692亿吨,占世界能源总消耗量的6.7%(BP,2021)。然而,我国自有的石油生产供给能力远远满足不了经济增长过程中所激发出来的庞大能源需求。如图3-1所示,自1994年我国成为石油净进口国以来,国内的石油消耗量出现爆发性增长,而石油生产供给量却似乎停滞不前,石油的需求曲线和供给曲线渐行渐远,石油的供需缺口正在不断拉大。为了满足国内工业发展的基础性能源需求,石油资源的供给缺口只能通过大量的石油进口来弥补(周凤起、周大地,1999)。因而,石油对外依存度也就在宏观经济的上行通道中逐年攀升,而国内的经济安全性也随之削弱。2020 年,我国全年原油进口量 5.424 亿吨,进口依存度高达 73%(BP,2021)。根据《中国能源发展报告(2009)》的权威预测,到 2020 年我国的石油进口依存度将跃至 64.5%(崔民选,2009)。根据中国石油经济技术研究院的数据显示,2020 年,我国石油进口依存度实际为 73%。也就是说,石油作为中国经济可持续发展战略的基础资源保障正面临着长期供给缺口的安全威胁。

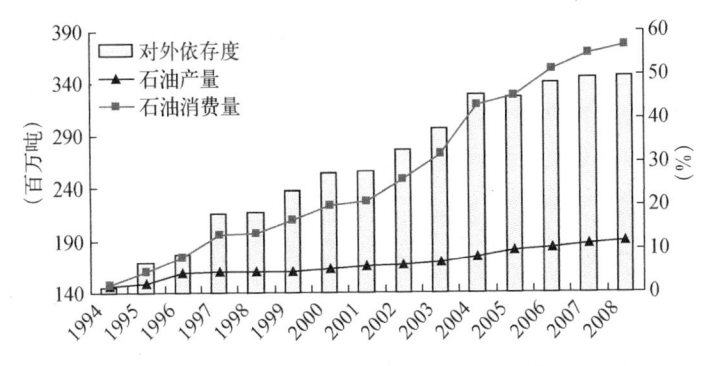

图 3-1 我国石油消费量、石油产量与对外依存度的关联图

而另一方面,国际石油市场在第二次石油危机之后经历了长达二三十年的平稳性过渡期,也给这一时期的全球化自由贸易和经济繁荣之路扫清了路障(Jacks、Meissner 和 Novy,2008)。但近些年,由于国际经济形势的剧烈波动和各种不确定因素的增加,国际资本的投机性活动异常活跃,国际油价呈现出少有的大涨大跌趋势。2002 年,国际原油价格重新启动上升通道,立即突破 30 美元/桶。2004 至 2005 年间的"伊拉克战争"和"卡特里娜飓风"等突发性事件诱发了原本已不稳定的国际油价直线突破 40 美元/桶的历史最高价。之后的飙升之势非但没有减弱,反而更加猛烈。到 2008 年 7 月,国际原油期货价格一度达到了令人惊讶的147美元/桶,创造了世界历史上罕见的"第三次石油危机"。尽管之后的国际油价一路暴跌回落至40—50美元/桶,但从目前维持在80—100美元/桶左右的震荡则足见其高位运转的风险(陈宇峰,2010)。

在石油供给安全和国际油价剧烈波动的双重夹击之下,国内经济发展的质量和可持续性战略势必会受到影响。一方面,随着中国转型经济的加速升级,经济发展对石油等基础性资源的依赖程度不断增加,转而导致石油的进口依存度也大幅提升,国际油价的高位运转和剧烈波动正日益成为国内经济运行的一个重要的不稳定因素(林伯强、牟敦国,2008)。根据国际能源署(IEA)的一项研究估计,国际油价每上涨10美元,会拉低中国 GDP 0.8个百分点,而同时增加通货膨胀率0.8个百分点,直接或间接地恶化中国宏观经济条件(IEA,2004)。另一方面,在国内供给缺口不断扩大的背景下,国民经济命脉更容易受制于人,国际油价波动对国内经济安全的冲击效应将深度显现。一旦国际油价大幅波动所产生石油供给缺口和生产成本增加,国民经济的方方面面便会受到影响。

因此,厘清如何规避国际油价波动对中国宏观经济活动的影响已经成为眼下迫在眉睫的一个研究热点。尽管之前国内对此已有一些零散化的研究,但这些研究主要集中于对油价波动与宏观经济影响的数量关系,缺乏对国际油价冲击对我国宏观经济波动的内在传导机理以及相关经济政策制定的系统考察。再加上,由于正处于转型发展的中国与其他国家存在着巨大的体制性差异,使得国际上关于油价冲击对国家经济增长影响机理的研究结论在中国并不具有普适性。

从目前的研究文献来看,油价冲击已有多种不同的描述形式,这些不同的冲击形式会对不同的国家产生不同的经济影响和传导效应

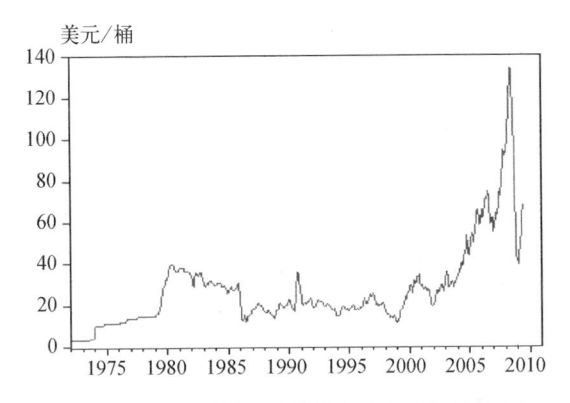

图 3-2　国际油价波动趋势图（WTI 年度数据）

（Zhang，2008；Cologni、Menera，2009）。那么，对中国来说，何种形式的油价冲击会对国内宏观经济的响应程度最为显著呢？国际油价变动与宏观经济之间的这些作用机理，在 1994 年我国成为原油进口国之后是否会发生了本质性的变化呢？如果存在上述的机理转换，那么我们又应该如何制定并调整相关的能源经济政策呢？这些问题随着我国石油需求的急剧增加以及石油对外依赖性的不断增强而引起社会各界的广泛关注，这也正是本章研究的目的所在。

本章内容安排如下：第二节对油价波动与宏观经济活动影响的国内外相关文献进行梳理；第三节为本章的研究方法，构建了一个基于扩展 VAR 模型的 Granger 因果检验；第四节结合 1978 至 2007 年间的相关经济数据，得出本研究的实证结果，并试图解释产生不同油价冲击形式与中国宏观经济波动所产生的非对称时段效应成因；第五节则给出本章的主要结论及相关的政策建议。

第二节 文献综述

西方主要发达国家在经历了 1973 至 1974 年第一次石油危机之后,普遍认为油价的持续上涨会导致成本推动型的通货膨胀,也抑制了消费需求和投资需求,从而引发国民经济的大规模衰退。Rasche 和 Tatom(1977a,1977b,1982)、Darby(1982)、Bruno 和 Sachs(1982,1985)、Hamilton(1983)等人的实证研究开创性地考察了国际石油价格波动与发达国家经济增长之间的因果关联性。他们都认为,石油价格的上升会导致总产出的下降,反之亦然。根据 Rasche 和 Tatom(1977b)的估计,石油价格每上升 1% 会导致长期实际 GNP 下降 7%。Hamilton(1983)则认为,自 Rasche 和 Tatom(1977a,1977b)以来的研究都是基于供给视角的石油价格波动效应,仍不够到位。因而,他提出了一种基于"供需综合性分析法"研究的新思路,并通过对美国 1948 至 1972 年间的经验观察发现:在经济衰退之前,油价几乎都有明显的上涨,并且油价上涨与美国经济活动之间存在很强的负向关系。于是,他建立了包括 GNP、通货膨胀率、失业率等六个变量的 VAR 模型,并通过 Granger 因果检验得出"油价上涨的确是经济衰退和通货膨胀的罪魁祸首"这一重要结论。汉密尔顿的这一研究成果可谓是现代石油经济学研究的经典之作,吸引了一大批主流经济学家对油价波动与宏观经济活动研究的关注,由此也产生了关于石油经济学的海量研究文献。

然而,早期的这些研究基本上都默认油价与 GDP 之间存在稳定线性关系这一先验性假设,即油价上涨会导致经济衰退,而油价下降会引致产出的增加和经济的繁荣。但是,20 世纪 80 年代国际油价的崩溃并没有给美国等发达国家带来理论上所预想的经济繁荣。此时,经济学家才注意到油价冲击对宏观经济的非对称影响这一事实,即油价上升对一国宏观经济的影响程度要远远大于油价下降对宏观经济的影响程度。为了解释这一现象,Mork(1989)分别研究了 GDP 对正向和负向油价冲击的响应情况[1]。他发现,油价的正向冲击对 GDP 有显著的负效应,而油价下降所带来的负向冲击对 GDP 的影响微乎其微。而 Hamilton(1996)则提出采用 NOPI 来表述油价的冲击形式。他强调,大部分的油价上涨仅仅是抵消之前的油价下降,因此用当前季度油价与前四个季度油价相比会更为合适。如果当前季度油价超过前四个季度的最高价,则 NOPI 定义为两者之差,反之 NOPI 为 0。同时,汉密尔顿将其研究样本区间更新为 1948 至 1994 年,并通过回归和脉冲响应函数分析,进一步证实了之前的结论,即油价冲击与美国 GDP 之间存在明显的负相关性,并且相比于 Mork 序列而言,NOPI 的冲击形式对 GDP 的影响程度就更为显著。其他经济学家的一些研究也发现,国际油价波动不仅与一国的经济增长存有非对称的影响,而且还与总产出、总就业和通货膨胀等指标之间存在着显著的非对称影响(Santini,1985,1992;Gisser、Goodwin,1986;Rotemberg、Woodford,1996;Daniel,1997;Raymond、Rich,1997;Carruth、Hooker 和 Oswald,1998;Davis、Haltiwanger,2001)。

随着全球经济一体化程度的不断深化和国际油价的攀升,石油价格对其他国家宏观经济的影响也越来越明显,经济学家的研究视线也从欧美发达大国转向新兴经济体、发展中小国等其他各种形态国家的国别研究。Robalo 和 Salvado(2008)通过 Chow 断点检验得出结论:从

---

[1] 油价正向冲击是指当前石油价格超过上期的部分,即 $\Delta oilp_t^+ = Max[(Lnoilp_t - Lnoilp_{t-1}), 0]$;反之则为负向冲击。通常,我们都把这一油价冲击序列称为 Mork 序列。本章将在第三节的实证研究中展开对这一 Mork 序列的宏观经济冲击效应分析。具体分析见本书第二章相关讨论。

20世纪80年代中期开始,油价波动与葡萄牙GDP之间的关系已发生了本质性改变。他们使用五变量的VAR模型对1968至2005年间的数据进行Granger因果检验和脉冲响应分析后发现,在1968至1985年之间存在着油价到失业率的单向因果关系,油价冲击对失业率和通货膨胀率有持续的效应,而到1986至2005年之后这些冲击效应都随之消失。Chang和Wong(2003)利用新加坡1978至2000年间的季度经济数据构建了包含GDP、CPI、失业率和国际油价等多变量的VAR模型和向量均衡修正模型(Vector Equilibrium Correction Model,VECM),结果表明,油价冲击对新加坡的宏观经济有显著的负面效应,即使油价的变化幅度非常小,但对于石油完全依靠进口的新加坡来说,其影响依然不容忽视。Prasad、Paresh和Jashwini(2007)则使用1970至2005年间斐济岛国的年度数据来考察国际油价波动与太平洋小国宏观经济活动之间的关联性,结果表明油价冲击对实际GDP有正向效应:在短期内两者互为Granger因果关系;而在长期内油价是实际GDP的单向Granger原因。当然,尽管这几个国家都是石油进口国,但由于国家的发展水平、石油的对外依赖程度以及研究方法不同,研究结果也不尽相同。因此,关于国际油价冲击对不同形态国家的宏观经济影响和传导机理研究是目前该研究领域的前沿方向,经济学家正力图从不同国家经济形态的深入考察中寻求这一领域的新突破口。

而从目前国内的研究进展来看,关于国际油价波动对中国宏观经济冲击效应的研究仍然比较零散,而且仍存在相当大的争议。何晓群和魏涛远(2002)通过CNAGE模型剖析了世界油价上涨对我国经济的影响。他们的研究发现,当国际油价每上涨10%,我国经济增长率将下降0.1%左右,但对中国经济增长的影响力是边际递减的。徐剑刚等(2006)以1994年1月至2004年6月间的相关经济数据为研究对象,通过构建 VAR 模型,也得出了石油价格上升会导致中国经济增长下降的相似结论。他们的研究表明,GDP 滞后两年的石油价格弹性约在 -0.07 至 -0.14 之间,即石油价格上升 1% 将导致未来两年中国实际 GDP 下降约 0.07%—0.14%。而刘强(2005)运用中国可计算一般均衡模型(PRCGE)所做的实证研究则表明,在国际油价和国内油价同步上涨的情况下,中国真实 GDP 的反应却是正向的。杨建辉和潘虹(2008)运用协整模型的实证研究也发现,国际石油价格与我国 GDP 在长期内呈现正相关关系,国际油价上升 1%,实际 GDP 增加 0.649%。

从上述研究文献的梳理,我们不难发现尽管西方经济学界对油价冲击效应这一研究领域已有相当清晰的研究脉络,而从国内的已有研究来看,仍集中于国际油价变动与经济增长之间的数量描述之上。很显然,这些研究思路往往会给我们接下去的研究遗留下很多不足之处。第一,从国外的研究文献积累来看,国际油价冲击与宏观经济波动之间的相互关系并不是简单的线性关系,也不可能存在固定的影响效应(Blanchard、Gali,2007)。那么,在中国的不同经济发展阶段会有怎样不同的表现形式呢?第二,如果存在不同的油价冲击表现形式,那么它们又会以何种机制来牵动中国宏观经济的波动呢?而这些问题对于当前构建一个基于经济可持续发展的中国石油安全战略来说是至关重要的。正是以上问题的综合思考,本章在总结国内外相关研究成果的基础上,提出国际油价冲击对转型期中国宏观经济活动所产生的"非对称时段效应",深度剖析在中国这一转型国家形态下两者之间的作用机理及应对策略。这一实证研究不仅对中国转型改革实践具有实际的应用价值,而且也是对不同国家形态下石油冲击效应这一研究前沿方向的有益理论补充。

第三节 研究方法

本章主要利用协整理论和误差修正模型来分析国际油价波动与我国宏观经济活动之间的长期均衡及短期动态关系,并进一步通过 VAR 模型和基于扩展 VAR(Lag-Augmented VAR)模型的 Granger 因果检验方法,分析不同时段下不同国际油价冲击形式的非对称效应。鉴于单位根检验和协整检验已是目前相对比较成熟的计量方法,此处不再赘述[1]。在这里,我们只给出协整误差修正模型(ECM)和基于扩展 VAR 模型的 Granger 因果检验方法。

一、误差修正模型(ECM)

ECM 是由 Engle 和 Granger 在 1987 年提出的一种计量方法,用来描述短期内各个变量的动态变化过程。如果随机游走变量之间存在长期的均衡关系,那么就可用误差修正模型进一步揭示其短期动态关系。

假设三个非平稳序列 y_{1t}, x_{2t}, z_{3t} 存在唯一的协整关系,则误差修正模型的数学表达式为:

$$\Delta y_t = \lambda + \sum_{i=0}^{l} \beta_i \Delta y_{t-i-1} + \sum_{i=0}^{l} \gamma_i \Delta x_{t-i} + \sum_{i=0}^{l} \psi_i \Delta z_{t-i} + \alpha ecm_{t-1} + \varepsilon_t \tag{3-1}$$

然后,再用 OLS 方法估计上述模型并进行修正,将不显著的滞后项逐一剔除,最后得到最为合宜的表达式。一般而言,误差项系数

---

[1] 关于单位根检验和协整检验模型的具体形式,也可见陈宇峰(2009a)。

α<0,通常称为调整系数,而其大小反映对偏离长期均衡的调整力度。

二、基于扩展 VAR 模型的 Granger 因果检验

为了分析国际油价冲击与各个宏观经济变量之间的因果关系,大量的研究文献都会采用 Granger 因果检验(Hamilton,1983,1996,2003;Prasad 等,2007;Zhang,2008;Farzanegan、Markwardt,2009)。目前,比较常用的 Granger 因果检验主要有两种方法:一种是基于水平 VAR 模型进行多变量系统的 Granger 因果检验;另一种是基于差分 VAR 模型进行 Granger 因果检验。前者未能考虑变量的稳定性和整个变量系统的协整性,后者则比较容易丢失系统的重要信息。Toda 和 Phillips(1993,1994)的理论研究就证明了上述因果检验方法的难点。他们证明,在检验长期因果关系的时候,即使存在协整关系,也只有满足某些秩条件,标准的 Wald 统计量才有渐进的 χ^2 分布。然而,验证是否满足这些秩条件却是极其困难的。为此,Toda 和 Yamamoto(1995)提出了一个更简单的因果检验程序,即基于扩展 VAR 模型的 Granger 因果检验方法。这样,就可以在不考虑变量的平稳性和协整关系的基础上进行因果检验。尽管这一计量方法受到了不少的指责和批评(Stock,1997),但从 Yamada 和 Toda(1998)的蒙特卡洛仿真模拟结果显示,这一方法在检验 Granger 因果关系时可以很好地克服检验水平稳定性的困难。因此,这一方法比传统的 Granger 因果检验方法更具有现实的应用价值,从而引发了一大批计量经济学家的研究关注。

假设 VAR 模型的最优滞后阶为 L,那么 VAR(L)的数学表达式为:

$$y_t = A_0 + A_1 y_{t-1} + \cdots + A_L y_{t-L} + \varepsilon_t \quad (t = 1, 2, \cdots, T) \quad (3-2)$$

其中,A_0 是 k 维常数向量,y_t 是 k 维内生变量向量,T 是样本数。矩阵 $A_1,A_2,\cdots,A_L$ 是 $k\times k$ 维待估的系数矩阵。ε_t 是 k 维扰动向量,满足于均值为 0 的独立同分布过程。

如果在水平 VAR(L)模型中加入滞后阶数 d(d 为各变量的最大单整阶数),运用 OLS 方法估算出 VAR(L+d)模型,再根据这一模型进行 Granger 因果检验,就成了"基于扩展 VAR 模型的 Granger 因果检验"。实际上,基于扩展的 VAR 模型就是在水平 VAR(L)模型的因果检验基础上考虑了额外滞后阶数 d 对检验结果的影响。

因此,VAR(L+d)模型可表述为:

$$y_t = A'_0 + A'_1 y_{t-1} + \cdots + A'_L y_{t-L} + \cdots + A'_{L+d} y_{t-L-d} + \varepsilon_t$$

$$= \begin{bmatrix} a_{10} \\ \vdots \\ a_{k0} \end{bmatrix} + \begin{bmatrix} a_{11}^{(1)} \cdots a_{1k}^{(1)} \\ \cdots \cdots \\ a_{n1}^{(1)} \cdots a_{nk}^{(1)} \end{bmatrix} \begin{bmatrix} y_{1t-1} \\ \vdots \\ y_{kt-1} \end{bmatrix} + \cdots + \begin{bmatrix} a_{11}^{(L)} \cdots a_{1k}^{(L)} \\ \cdots \cdots \\ a_{n1}^{(L)} \cdots a_{nk}^{(L)} \end{bmatrix} \begin{bmatrix} y_{1t-L} \\ \vdots \\ y_{kt-L} \end{bmatrix} + \cdots$$

$$+ \begin{bmatrix} a_{11}^{(L+d)} \cdots a_{1k}^{(L+d)} \\ \cdots \cdots \\ a_{n1}^{(L+d)} \cdots a_{nk}^{(L+d)} \end{bmatrix} \begin{bmatrix} y_{1t-L-d} \\ \vdots \\ y_{kt-L-d} \end{bmatrix} + \begin{bmatrix} \varepsilon_{1t} \\ \vdots \\ \varepsilon_{kt} \end{bmatrix} \quad (3-3)$$

其中,$A'_0,A'_1,\cdots,A'_L,A'_{L+d}$ 均为 OLS 估计量。

那么,检验方法如下:

H_0:$a_{ij}^{(q)} = 0,(q = 1,2,\cdots,L)$

H_1:至少存在一个 q,使得 $a_{ij}^{(q)} \neq 0$

令 $\alpha_{ij} = (a_{ij}^{(1)}, a_{ij}^{(2)} \cdots a_{ij}^{(L)})$,利用 Wald 检验构造统计量为:

$$Wald = \hat{\alpha}_{ij} V^{-1}(\hat{\alpha}_{ij}) \hat{\alpha}'_{ij} \sim \chi^2 \quad (3-4)$$

其中,$\hat{\alpha}_{ij}$ 是 α_{ij} 的估计值,$\hat{\alpha}'_{ij}$ 是 $\hat{\alpha}_{ij}$ 的转置,$V^{-1}(\hat{\alpha})$ 为方差矩阵。

如果接受原假设 H_0，那么说明向量 y_t 中第 i 个元素不能 Granger 引起第 j 个元素，反之亦然。之所以不对额外滞后阶数 d 的估计系数向量进行检验，是因为 Toda 和 Yamamoto(1995)已在理论上证明，无论 y_t 是平稳过程，还是 I(1) 或 I(2) 过程或是协整系统，Wald 统计量均服从标准 χ^2 分布。

第四节 实证分析

一、变量选取与数据来源

在接下去的实证分析中，本章主要选取以下几个经济变量：实际 GDP(*rGDP*)、实际人民币汇率(*rEEX*)、基于 CPI 的国内通货膨胀率(*INF*)、国际石油价格(*OILP*)。为了消除可能存在的异方差性，对所有的变量进行取对数处理，分别得到 *LnrGDP*、*LnrEEX*、*LnINF* 和 *LnOILP* 序列。研究样本区间则取自 1978 至 2007 年间上述变量的相关年度数据。

名义 GDP、CPI 和人民币汇率(*EEX*)数据均来自于国家统计局网站及各年度的《中国统计年鉴》。国际油价数据采用美国西德克萨斯中质原油价格(West Texas Intermediate Crude Oil Prices, WTI)，来自于英国石油公司历年公布的《世界能源统计报告》。而实际 GDP 按照 1978 年的可比价格进行计算；实际人民币汇率则通过中、美两国的 CPI 进行修正(*rEEX*=*EEX*×美国各年的 CPI/中国各年的 CPI)。

二、实证分析

(一) 单位根检验

现实中的大多数经济数据都是非平稳的时间序列,直接建模会产生"伪回归"现象。Lee 和 Lee(2009)采用合并多重断裂点模型发现,之所以传统的实证研究存有众多不同的争议之处,主要还是因为大多数研究者对数据序列的平稳性检验缺乏必要的认识。为了客观地反映国际油价与国内宏观经济变量之间的真实关系,首先要对这些数据进行平稳性检验。本章选择 ADF 方法进行检验,具体结果如表 3-1 所示:

表 3-1 各变量的单位根检验

变量	Lag length	ADF 值	截距	趋势	1%	5%	10%	结论
$LnrGDP$	1	-1.8968	有	有	-4.3240	-3.5806	-3.2253	非平稳
$\Delta LnrGDP$	0	-3.3116	有	无	-3.6892	-2.9719	-2.6251	平稳
$LnINF$	1	-3.1884	有	无	-3.6892	-2.9719	-2.6251	平稳
$LnOILP$	0	-1.0865	有	无	-3.6793	-2.9678	-2.6230	非平稳
$\Delta LnOILP$	0	-5.8020	无	无	-2.6501	-1.9534	-1.6098	平稳
$LnrEEX$	0	-2.6691	有	无	-3.6793	-2.9678	-2.6230	非平稳
$\Delta LnrEEX$	0	-4.2941	有	无	-3.6892	-2.9719	-2.6251	平稳

由表 3-1 结果可知,水平变量 $LnINF$ 平稳,$LnrGDP$、$LnOILP$ 和 $LnrEEX$ 并没有表现出平稳性。但是,其一阶差分序列具有一定的平稳性,即为 I(1) 过程。因此,我们可以进一步探求国际油价波动、实际

GDP 和实际人民币汇率之间是否存在长期的均衡关系。

(二) Johansen 协整检验

Johansen 协整检验是在 VAR 模型的基础上进行的。在 VAR 模型中,最重要的问题是滞后阶数的确定。根据 AIC 和 SC 准则,我们确定本章 VAR 模型的滞后阶数 $P=1$,这样就能保证赤池信息准则和施瓦茨准则的值达到最小,使得在此条件下的模型拟合效果为最佳。同时,$P=1$ 的滞后阶数对于本章所采用的年度数据而言也是比较合理的。在进行协整向量个数测试的时候,基于原始数据的特性,在协整等式中只包含截距项。

本章分别研究了国际油价波动与实际 GDP、人民币实际汇率之间的协整关系。通过检验我们发现,国际油价与实际 GDP 之间存在着长期的协整关系。不过,国际油价的 t 检验值并不显著。同时,国际油价与人民币实际汇率之间不存在长期的协整关系。然而,三者的共同作用却存在着长期的协整关系。Trace 检验和最大特征值检验的实证结果如表 3-2 所示。

表 3-2 Johansen 协整检验

原假设	特征根	迹检验		$\lambda-max$ 检验	
		统计值	p-值	统计值	p-值
$r=0$	0.6480	38.0526	0.0045**	30.2764	0.0020**
$r\leqslant 1$	0.2275	7.7761	0.4897	7.4837	0.4336
$r\leqslant 2$	0.0100	0.2925	0.5886	0.2925	0.5886

由以下检验结果表明,存在一个统计量大于 5% 水平下的临界值,因而有一个原假设被拒绝。也就是说,相应地存在一个协整方程,即这

三个变量之间存在唯一的长期均衡关系。同时,由于通货膨胀率是一平稳变量,所以这四个变量之间也存在唯一的协整关系。

通过 OLS 估计,可得如下协整方程(括号内为 t 值):

$$LnrGDP = 0.6004LnOILP + 1.9310LnrEEX - 0.8498LnINF$$
$$(4.2752) \quad\quad (11.21150) \quad\quad (-3.5433) \quad (3-5)$$
$$R^2 = 0.8352 \quad \overline{R}^2 = 0.8229 \quad D-W = 0.5815$$

再令 $ecm = LnrGDP - 0.6004LnOILP - 1.9310LnrEEX + 0.6919LnINF$,对序列 ecm 进行平稳性检验,其 ADF 结果如表 3-3 所示。

表 3-3 ecm 的 ADF 检验

变量名称	截距	趋势	ADF 值	1%临界值	结论
ecm	无	无	-2.6654	-2.6471	平稳

由表 3-3 可知,在 1%的显著水平下,ecm 为平稳序列,并且取值围绕零值上下波动。这也就进一步证实,国际油价、实际 GDP、实际人民币汇率和通货膨胀率四者之间存在唯一的长期协整关系。

根据上述的协整方程(3-5)及表 3-3,便可得如下结论:国际油价波动与我国实际 GDP 增长呈现出长期的正向关系,而且当国际油价上升 1%,实际 GDP 则增长 0.6004%[①];而国际油价波动与人民币实际汇率成反向关系,即国际油价上涨时,人民币则也会升值;国内通货膨胀率与国际油价波动成正向关系,即国际油价的上涨会引发国内通胀率的上升。客观地说,尽管这一模型的实证结果在某种程度上是有悖于目前这一研究领域内非对称性的主流观点(Hamilton,1983,1996,

---

① 即为石油价格弹性(Oil Price Elasticity),这一实证结论与刘强(2005)、杨建辉和潘虹(2008)等人对"正石油价格弹性"的研究的结论基本一致,而且在数字上也与杨建辉等(2008)比较吻合。本章在第 5 节中将对这一正向冲击效应给出具体的解释。

2003；Mork，1989；Lee、Ni 和 Ratti，1995；Hooker，2002；Kilian，2008；Zhang，2008），但这一结论却能比较好地吻合当前我国作为世界上第二大石油消费国和石油进口国的现实经济运行状况。

虽然协整方程（3－5）描述了这四个变量之间存在的这种长期均衡关系，而实际的经济数据却是由"非均衡过程"生成。当这一系统处于非均衡状态的时候，便会产生一种自我调节机制，通过动态调整过程不断逼近于长期均衡状态。因此，我们接下去还需建立误差修正模型（ECM）进一步考察短期动态过程。根据之前所选定的变量，误差修正模型则可设定为：

$$\Delta LnrGDP_t = \lambda + \sum \beta_i \Delta LnrGDP_{t-i-1} + \sum \gamma_i \Delta LnOILP_{t-i} +$$
$$\sum \varphi_i \Delta LnrEEX_{t-i} + \sum \psi_i \Delta LnINF_{t-i} + \alpha ecm_{t-1} + \varepsilon_t$$
$$(3-6)$$

通过 OLS 估计并修正后，即可得到：

$$\Delta LnrGDP_t = 0.0489 + 0.5364\Delta LnrGDP_{t-1} + 0.0355\Delta LnOILP_{t-3} +$$
$$(3.1680)\ (3.6936) \qquad\qquad (3.0676)$$
$$0.0358\Delta LnOILP_{t-5} - 0.2194\Delta LnINF_{t-1} -$$
$$(3.3117) \qquad\qquad (-2.9487) \qquad\qquad (3-7)$$
$$0.0582\Delta LnrEEX_{t-5} - 0.0369ecm_{t-1}$$
$$(-2.2390) \qquad\qquad (-4.1226)$$

$R^2 = 8199 \quad \overline{R}^2 = 0.7563 \quad F = 12.8964 \quad D-W = 1.9506$

根据上述误差修正模型（3－7）可看出，误差修正项系数小于 0（－0.0369），完全吻合反向的修正机制。而且，从平均意义上讲，上年度的实际 GDP 增长率、实际人民币汇率、通货膨胀率和国际油价波动的非均衡误差对本年度非均衡偏离的调整力度为 3.69%。

(三) 基于扩展 VAR 的 Granger 因果检验

为了更加客观真实地反映不同的国际油价冲击与国内各宏观经济变量之间的因果关系,我们采用基于可扩展 VAR 模型的 Granger 因果检验方法。在构建包含 GDP 增长率($\Delta Y/Y$)、通货膨胀率、实际人民币汇率和国际油价等变量的 VAR(1) 模型基础上,再对 VAR(2) 模型进行 Granger 因果检验[①]。

出于国际油价冲击在不同的经济发展阶段可能产生的不同影响,我们将样本区间再细分为两个子样本区间。样本 I 区间:1978 至 1993 年;样本 II 区间:1994 至 2007 年。以 1994 年为临界点,主要是因为从 1994 年开始,中国从石油净出口国变成石油净进口国。通过如此的分段研究,便可更好地理解中国从石油净出口国到石油对外依存度不断提高的国家类型转变过程中,国际石油价格的外部冲击对国内宏观经济影响的动态演化路径。很显然,在此动态路径基础上构建的国家石油战略及其相关政策建议也就更显出研究的张力和现实应用的可推展性。

为了探讨不同形式的国际油价冲击对中国宏观经济活动的影响,我们给出以下五种国际油价冲击形式的定义:

1. 国际油价的原序列对国内宏观经济的冲击形式,即 $LnOILP = \log(OILP)$;

2. 国际油价波动序列对国内宏观经济的冲击形式,即 $\Delta Lnoilp_t = Lnoilp_t - Lnoilp_{t-1}$(其中,$Lnoilp_t$ 是当期的国际油价,$Lnoilp_{t-1}$ 即为上一

[①] 根据 AIC 和 SC 准则,这一部分包含四变量及不同样本区间的 VAR 模型的滞后阶数均为 1。而且,对于年度经济数据来说,这一滞后阶数是比较合理的。

期的国际油价);

3. 国际油价上升序列对国内宏观经济的冲击形式,即为 Mork 的正向冲击序列形式 $\Delta oilp_t^+ = Max[(Lnoilp_t - Lnoilp_{t-1}),0]$;

4. 国际油价下降序列对国内宏观经济的冲击形式,即为 Mork 的反向冲击序列形式 $\Delta oilp_t^- = Min[(Lnoilp_t - Lnoilp_{t-1}),0]$;

5. 净石油价格增量(NOPI)对国内宏观经济的冲击形式,即为 Hamilton 序列冲击形式,$NOPI = Max[Lnoilp_t - Max(Lnoilp_{t-1}, Lnoilp_{t-2}, Lnoilp_{t-3}, Lnoilp_{t-4}),0]$。也就是说,NOPI 是指当期国际油价与前四年国际油价的极值比较。

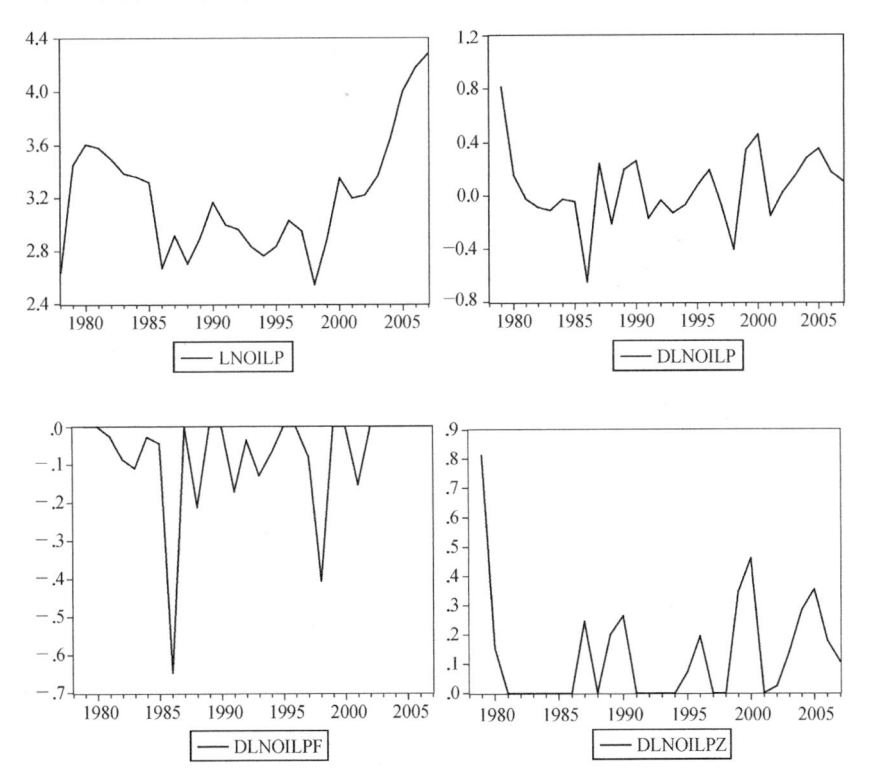

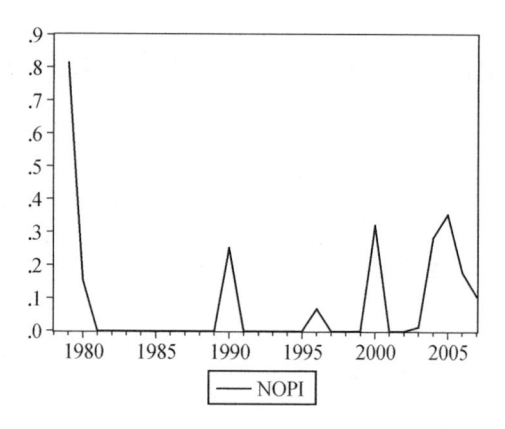

图 3-3　不同油价冲击的趋势序列图

很显然，前两种形式考察国际油价冲击形式对国内宏观经济活动的对称性影响，而后三种形式则主要考察国际油价冲击形式对国内宏观经济波动的非对称性影响。

于是，便可得到五种不同油价冲击形式的趋势序列图（如图 3-3）。

那么，可得 VAR(2) 模型的 Granger 因果检验结果（如表 3-4 所示）。

表 3-4　Granger 因果检验结果

	油价冲击形式	$\Delta Y/Y$	$LnINF$	$LnrEEX$
全样本：1978—2007	$LnOILP$	0.6061/0.9342	0.3496/0.8259	0.9463/0.1926
	$\Delta Lnoilp$	0.7549/0.9420	0.1268/0.7385	0.9948/0.1353
	$\Delta oilp_t^+$	0.8342/0.7410	0.5710/0.5447	0.8454/0.1830
	$\Delta oilp_t^-$	0.3453/0.9914	0.0216**/0.9388	0.7003/0.3751
	$NOPI$	0.8776/0.9875	0.4626/0.7236	0.8742/0.2783
样本 I：1978—1993	$LnOILP$	0.0000**/0.5397	0.0032**/0.3364	0.2146/0.0900*
	$\Delta Lnoilp$	0.7122/0.6582	0.6220/0.3713	0.8309/0.0313**

续表

	油价冲击形式	$\Delta Y/Y$	$LnINF$	$LnrEEX$
	$\Delta oilp_t^+$	0.8557/0.4194	0.5825/0.2698	0.9649/0.7552
	$\Delta oilp_t^-$	0.0012**/0.4957	0.0185**/0.3037	0.2097/0.0401**
	$NOPI$	0.8812/0.9692	0.9829/0.6976	0.9725/0.8597
样本Ⅱ：1994—2007	$LnOILP$	0.0096**/0.1992	0.0163**/0.1297	0.0029**/0.2937
	$\Delta Lnoilp$	0.1962/0.5830	0.0682*/0.3571	0.0574*/0.6749
	$\Delta oilp_t^+$	0.0164**/0.0300**	0.0000**/0.0482**	0.0000**/0.021**
	$\Delta oilp_t^-$	0.1744/0.8229	0.7731/0.6904	0.8099/0.0001**
	$NOPI$	0.7151/0.2411	0.1910/0.3852	0.6059/0.1080

注：$\Delta Y/Y$ 表示 GDP 的经济增长率；*、** 和*** 分别表示在10%、5%和1%显著水平下通过假设检验；而分隔号"/"左边为国际油价波动不能 Granger 引起其他变量的 p-值，而右边则是其他变量不能 Granger 引起国际油价波动的 p-值。

由以上的实证检验结果表明，在全样本区间中，$\Delta oilp_t^-$ 是通货膨胀率的 Granger 原因；在样本Ⅰ区间中，$LnOILP$ 和 $\Delta oilp_t^-$ 是 GDP 增长率和通货膨胀率的 Granger 原因，实际人民币汇率单向引起 $LnOILP$、$\Delta Lnoilp$ 和 $\Delta oilp_t^-$ 的变动；而在样本Ⅱ区间中，$LnOILP$ 则是 GDP 增长率、通货膨胀率和实际人民币汇率的 Granger 原因，$\Delta Lnoilp$ 单向引起通货膨胀率和实际人民币汇率的变动，$\Delta oilp_t^+$ 与 GDP 增长率、通货膨胀率和实际人民币汇率互为 Granger 因果关系，实际人民币汇率是 $\Delta oilp_t^-$ 的 Granger 原因。

由此，我们不难发现，在子样本区间中的国际油价变动与实际 GDP、实际汇率及通货膨胀率之间的因果关系比全样本中的因果关系更加显著，并且这种关系会随着时间的不断变化呈现不同的变化关系，同时不同的油价冲击形式在不同的时段内会有不同的影响效应。进一步地探究，我们则可发现另一个更有意义的研究结论：在样本Ⅰ区间中,只存在单向的 Granger 因果关系,即国际油价变动单向引起国内经济增长率和通货膨胀率的变动,而实际人民币汇率也只会单向引起国际油价变动。而在样本 II 区间中,则出现了双向的 Granger 因果关系。$\Delta oilp_t^+$ 与国内经济增长率、通货膨胀率及实际人民币汇率相互影响,共同作用。这也就是说,随着中国成为世界的主要石油消费大国和主要的石油进口大国之后,中国石油需求对国际油价波动以及国内宏观经济活动的相互影响也正在不断的动态扩大之中。

(四) 脉冲响应分析及方差分解

本章接下去再在 VAR(1) 模型的基础上,继续进行各个变量的脉冲响应分析和方差分解分析。经检验,我们发现包含不同油价冲击形式变量及不同样本段的 VAR(1) 模型都呈现结构稳定,满足脉冲响应分析和方差分解的基本条件。

1. 脉冲响应分析(Impulse Response Analysis)

脉冲响应分析是用于描述在 VEC 扰动项上加入一个单位标准差大小的新息冲击(innovation)对被解释变量当前值和未来值的动态影响。在这里,为了进一步检验国际油价波动对国内宏观经济活动之间的动态关系,我们采用 Sims(1980) 提出的向量自回归模型进行脉冲响应分析。具体结果如图 3-4、图 3-5 和图 3-6 所示。

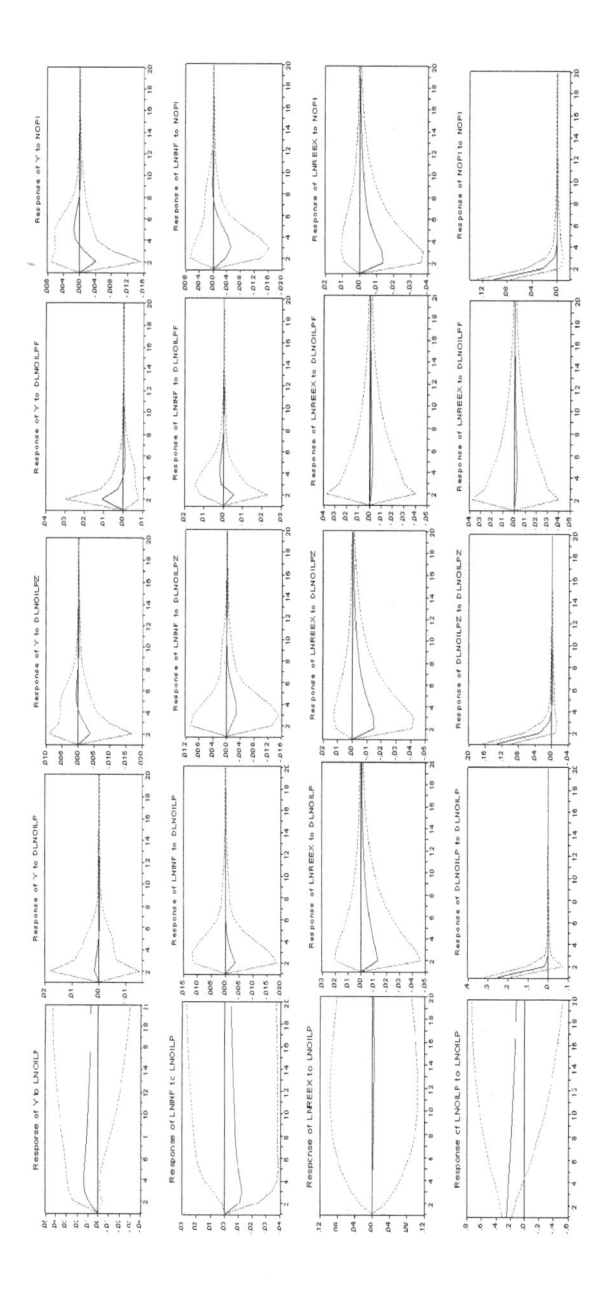

图 3-4 1978—2007 年（全样本区间）的各变量脉冲响应图

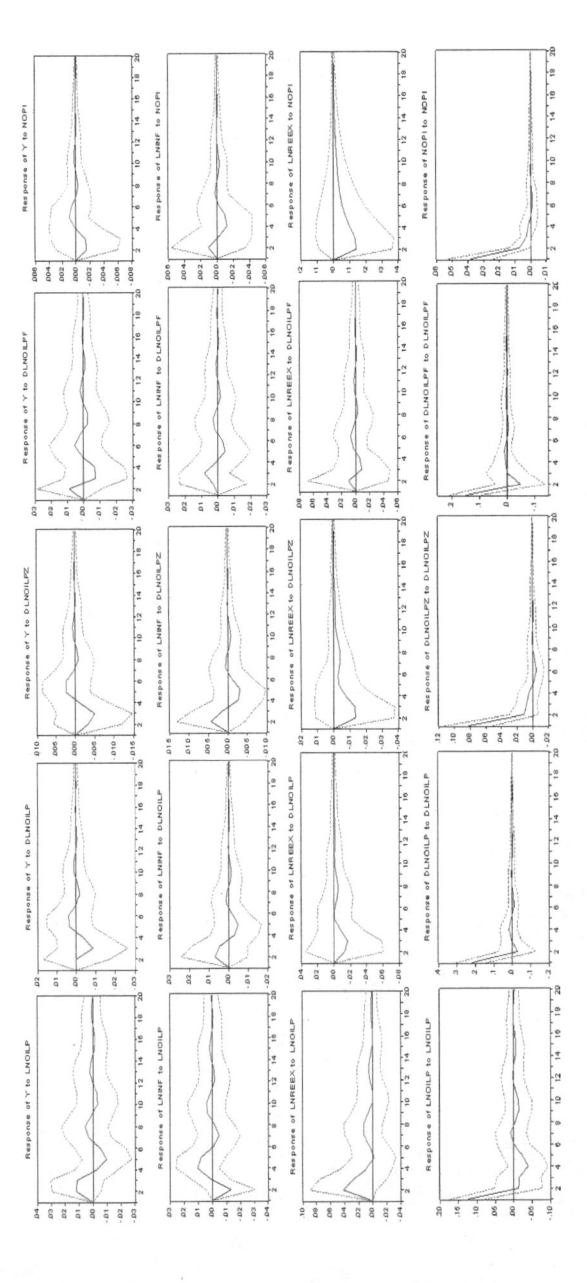

图 3-5 1978—1993 年（样本Ⅰ区间）的各变量脉冲响应图

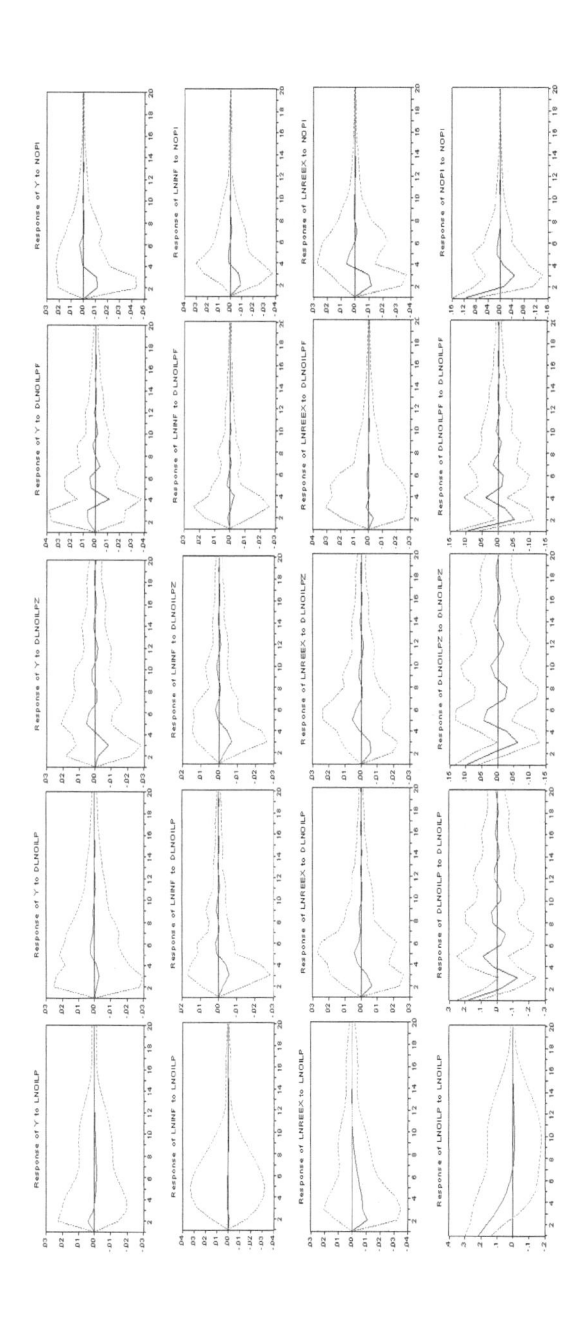

图 3-6 1994—2007 年（样本 II 区间）的各变量脉冲响应图

根据脉冲响应图3-4、图3-5、图3-6,我们可得出以下结论。

首先,对不同样本区间中的不同油价冲击效应比较之后,我们发现不同的时段内会产生不同的冲击效应。(1)对于GDP增长率而言,在全样本区间中,正向的$LnOILP$,$\Delta Lnoilp$和$\Delta oilp_t^-$冲击均会给国内的经济增长率带来正面的影响,而正向的$\Delta oilp_t^+$和$NOPI$冲击则会给国内的经济增长率带来负面的影响,然后逐渐回落。在样本 I 和样本 II 区间中,$\Delta oilp_t^-$和$LnOILP$开始会对国内的经济增长率带来正面的影响,而$\Delta Lnoilp$、$\Delta oilp_t^+$和$NOPI$则会对其有负面的影响。经过一段时间的正负波动之后,影响逐渐消失。相比较而言,不同的油价冲击形式对国内经济增长率的影响在样本 I 区间中是最小的,在样本 II 区间中是最大的。(2)国际油价冲击对国内通货膨胀率的影响。在全样本区间中,只有$\Delta Lnoilp$对通货膨胀率的影响比较大,而其他形式产生的冲击都是比较小的,而且持续时间也比较短,经过4—7期的波动之后便恢复到原始状态。在样本 I 区间中,$LnOILP$,$\Delta Lnoilp$和$\Delta oilp_t^-$对通货膨胀率的影响要大于其他两种油价冲击形式。其中,$LnOILP$所带来的宏观经济影响效应最大,而且持续时间最长。在样本 II 区间中,$\Delta Lnoilp$、$\Delta oilp_t^+$和$NOPI$对通货膨胀率的冲击效应要大于其他两种油价冲击形式,其中$NOPI$这一油价冲击形式的影响最大。总体而言,与样本 I 区间相比,样本 II 区间中的各种油价冲击形式对通货膨胀率的影响仅仅只是稍为大一些而已。(3)国际油价冲击对实际人民币汇率的影响。在三组样本区间中,均出现同样的结论:$\Delta oilp_t^-$对实际人民币汇率的影响是最小的,而$LnOILP$带来的冲击效应是最大的。

其次,不同的国际油价冲击形式比较。(1)在样本 I 区间中,$LnOILP$这一冲击形式对国内经济增长率和通货膨胀率的影响要大于其他油价冲击形式。而在样本 II 区间中却出现了完全相反的现象。(2)在全样本区间和样本 I 区间中，$\Delta Lnoilp$、$NOPI$ 对国内经济增长率和通货膨胀率的冲击效应要小于 $\Delta oilp_t^-$ 所带来的冲击效应。在样本 II 区间中，情况则刚好相反。而且，$\Delta oilp_t^-$ 所产生的冲击效应远小于 $\Delta oilp_t^+$ 和 $NOPI$ 所引起的冲击效应。

2. 方差分解

脉冲响应函数描述的是 VAR 模型中一个内生变量的冲击给其他内生变量所带来的影响，而要进一步描述每一个结构冲击对内生变量变化的贡献度，即评价不同结构冲击的重要性，就要通过方差分解来实现。各样本区间下的方差分解结果如表 3-5、表 3-6 和表 3-7 所示。

表 3-5 经济增长率 $\Delta Y/Y$ 的方差分解

时期	全样本:1978—2007 年					样本 I:1978—1993 年					样本 II:1994—2007 年				
	$LnOILP$	$\Delta Lnoilp$	$\Delta oilp_t^-$	$\Delta oilp_t^+$	$NOPI$	$LnOILP$	$\Delta Lnoilp$	$\Delta oilp_t^-$	$\Delta oilp_t^+$	$NOPI$	$LnOILP$	$\Delta Lnoilp$	$\Delta oilp_t^-$	$\Delta oilp_t^+$	$NOPI$
1	0.00	0.00	0.00	0.00	0.00	0.00	0.00	0.00	0.00	0.00	0.00	0.00	0.00	0.00	0.00
4	14.66	0.14	0.59	4.06	0.60	6.33	1.68	0.80	3.65	0.09	0.53	0.32	2.10	6.05	6.61
6	22.29	0.14	0.59	3.98	0.70	7.69	1.98	0.94	3.55	0.10	0.59	0.49	2.68	6.17	5.59
8	27.37	0.14	0.60	3.99	0.70	7.85	2.00	0.94	3.49	0.10	0.64	0.50	2.61	5.85	5.58
10	30.99	0.14	0.60	3.99	0.71	7.81	2.00	0.93	3.52	0.10	0.66	0.51	2.76	6.03	5.56
12	33.70	0.14	0.60	3.99	0.71	7.87	2.02	0.94	3.53	0.10	0.66	0.51	2.83	6.04	5.55
14	35.78	0.14	0.60	3.99	0.71	7.91	2.02	0.94	3.53	0.10	0.66	0.51	2.85	6.05	5.55
16	37.41	0.14	0.60	3.99	0.71	7.92	2.02	0.94	3.53	0.10	0.66	0.52	2.86	6.05	5.55
18	38.70	0.14	0.60	3.99	0.71	7.92	2.02	0.94	3.53	0.10	0.66	0.52	2.87	6.05	5.55
20	39.73	0.14	0.60	3.99	0.71	7.92	2.02	0.94	3.53	0.10	0.66	0.52	2.87	6.05	5.55

表 3-6 通货膨胀率 INF 的方差分解

时期	全样本:1978—2007 年					样本 I:1978—1993 年					样本 II:1994—2007 年				
	LnOILP	Lnoilp	$\Delta oilp_t^-$	$\Delta oilp_t^+$	NOPI	LnOILP	Lnoilp	$\Delta oilp_t^-$	$\Delta oilp_t^+$	NOPI	LnOILP	Lnoilp	$\Delta oilp_t^-$	$\Delta oilp_t^+$	NOPI
1	0.00	0.00	0.00	0.00	0.00	0.00	0.00	0.00	0.00	0.00	0.00	0.00	0.00	0.00	0.00
4	9.27	0.37	0.38	0.80	1.38	7.72	2.00	0.75	1.83	0.07	0.03	1.51	2.01	0.29	3.53
6	12.66	0.41	0.47	0.89	1.54	8.24	2.45	0.97	2.25	0.09	0.04	1.56	2.08	0.39	3.48
8	14.96	0.40	0.51	0.89	1.54	8.38	2.46	0.97	2.37	0.08	0.04	1.51	2.01	0.40	3.35
10	16.79	0.40	0.51	0.89	1.54	8.54	2.47	0.97	2.35	0.09	0.04	1.55	2.07	0.42	3.32
12	18.28	0.40	0.51	0.89	1.55	8.52	2.48	0.98	2.36	0.09	0.05	1.56	2.09	0.42	3.32
14	19.50	0.40	0.51	0.89	1.55	8.50	2.47	0.98	2.37	0.09	0.05	1.57	2.09	0.42	3.32
16	20.50	0.40	0.51	0.89	1.55	8.54	2.47	0.98	2.37	0.09	0.05	1.57	2.10	0.42	3.31
18	21.32	0.40	0.51	0.89	1.55	8.54	2.47	0.98	2.38	0.09	0.05	1.57	2.10	0.42	3.31
20	22.00	0.40	0.51	0.89	1.55	8.54	2.47	0.98	2.37	0.09	0.05	1.57	2.10	0.42	3.31

表 3-7 实际汇率 $rEEX$ 的方差分解

时期	全样本:1978—2007年					样本 I:1978—1993年					样本 II:1994—2007年				
	$LnOILP$	$\Delta Lnoilp^-$	$\Delta oilp_t^+$	$NOPI$	$LnOILP$	$\Delta Lnoilp^-$	$\Delta oilp_t^-$	$\Delta oilp_t^+$	$NOPI$	$LnOILP$	$\Delta Lnoilp^-$	$\Delta oilp_t^-$	$\Delta oilp_t^+$	$NOPI$	
1	0.00	0.00	0.00	0.00	0.00	0.00	0.00	0.00	0.00	0.00	0.00	0.00	0.00	0.00	0.00
4	0.01	1.68	2.56	0.04	2.19	9.50	1.71	1.58	0.71	0.24	4.09	2.02	2.14	0.50	9.26
6	0.03	1.82	2.78	0.07	2.26	8.79	1.56	1.55	0.84	0.24	4.65	1.95	2.47	0.43	7.27
8	0.09	1.88	2.84	0.09	2.27	9.07	1.61	1.60	0.80	0.26	4.73	1.93	2.41	0.42	7.05
10	0.18	1.90	2.86	0.09	2.28	9.05	1.62	1.62	0.81	0.26	4.72	1.95	2.48	0.43	7.03
12	0.29	1.92	2.88	0.10	2.29	8.98	1.61	1.62	0.82	0.26	4.70	1.96	2.52	0.43	6.99
14	0.41	1.92	2.88	0.10	2.29	9.03	1.61	1.62	0.81	0.26	4.69	1.96	2.53	0.43	6.98
16	0.53	1.92	2.88	0.10	2.29	9.02	1.61	1.62	0.81	0.26	4.68	1.96	2.54	0.43	6.97
18	0.64	1.92	2.88	0.10	2.29	9.01	1.61	1.62	0.81	0.26	4.68	1.96	2.54	0.43	6.97
20	0.74	1.92	2.88	0.10	2.29	9.02	1.61	1.62	0.81	0.26	4.68	1.96	2.54	0.43	6.97

首先,国内经济增长率 $\Delta Y/Y$ 的方差分解:表 3-5 表明,在样本 I 区间中,$LnOILP$ 的贡献较大;而在样本 II 区间中,$\Delta oilp_t^+$、$\Delta Lnoilp$ 和 $NOPI$ 的贡献比较大。从这一时段变化中,我们可以看出,在国内经济发展的不同阶段,不同的油价冲击形式会对国内宏观经济活动产生截然不同的作用程度和影响机理。在 1978 至 1993 年间,国际油价本身对国内宏观经济的影响较大,而在 1994 至 2007 年间,国际油价的变化对宏观经济活动的冲击则会更大。

然后,通货膨胀率 INF 的方差分解:表 3-6 表明,在 1978 至 1993 年间,$LnOILP$ 的贡献最大,$NOPI$ 的贡献最小;而在 1994 至 2007 年间则恰好相反,$NOPI$ 的贡献最大。同时,我们也可看到,而在 1994 至 2007 年间,$\Delta oilp_t^+$ 的冲击效应要远大于 $\Delta oilp_t^-$ 所引起的影响,即这一时间段开始呈现出国际主流研究中的非对称冲击效应。

最后,实际人民币汇率 $rEEX$ 的方差分解:通过三组样本区间的不同数据均表明,$\Delta oilp_t^+$ 对实际人民币汇率 $rEEX$ 的贡献率大于 $\Delta oilp_t^-$ 的贡献率。这也就是说,国际油价的正向冲击对实际人民币汇率的影响效应要大于国际油价负向冲击对人民币汇率所带来的影响效应。而且,在 1978 至 1993 年间,$LnOILP$ 对实际人民币汇率的贡献最大;在 1994 至 2007 年间,则是 $NOPI$ 的贡献最大。

第五节 主要结论和政策建议

在国际油价剧烈震荡和石油供给缺口不断扩大的双重威胁之下,国际油价冲击对中国经济增长的影响机理研究越来越成为政府各界及学术界的当务之急。本章通过构建一个基于扩展 VAR 模型的 Granger 因果检验,利用 1978 至 2007 年间的相关经济数据,考察了不同国际油价冲击形式对中国宏观经济活动的影响程度和作用机理,从而发现了不同经济发展阶段中不同油价冲击形式存在的"非对称时段效应"。本章的主要结论可总结如下三点。

第一,国际油价波动与国内宏观经济中的实际 GDP、通货膨胀率、实际的人民币汇率之间存在长期的协整关系。其中,国际油价波动和实际 GDP、通货膨胀率的变化成正向关系,与实际人民币汇率成反向关系。接下去的 Granger 因果检验则进一步表明了四者之间存在的相互关系:实际人民币汇率下降即人民币升值会使得国际油价上涨,油价上涨进而反过来影响国内经济发展的速度和通货膨胀率。这一结论虽有悖于国际上这一领域的主流观点,但却非常好地吻合我国过去这些年的宏观经济运行状况。

之所以会产生上述的传导路径,一方面是因为国际原油的进出口贸易是以美元为结算单位,而从汇率上看,由于近几年美元对欧元、英镑、日元和人民币不断走弱,在美元大幅贬值和油价不变的情况下,石油进口国可以用等量的钱买到更多的石油。"廉价美元"所带来的"廉价石油"将引发世界上大量引致性的石油需求,而此时的石油出口国则为了弥补美元贬值所产生的损失,必然会减少石油开采的生产量。这一最基本的市场均衡法则直接导致了国际原油价格短期内的急速上涨。我国作为当今世界第二大石油消费大国,人民币升值也必然会对国际油价的上涨起到推波助澜的作用。

而另一方面,国际油价的上涨并没有影响国内经济增长的速度这一结论背后也深刻地揭示了目前国内的经济结构状况。尽管目前国际油价的上升对我国产出有积极的效应,但并不意味着国际油价越高越好这一乐观结论,也只能说明国际油价波动对中国宏观经济影响的拐点可能还未到来。国际油价的上升对宏观经济的影响程度取决于一个国家或者一个工业的石油集约度等因素。当超过临界值之后,经济协同效应下的石油集约度也会随之增加,那么国际油价上升对当期 GDP 的负向冲击也就开始放大;而在临界值之下,国际油价的上升反而会使这些国家的 GDP 增加,但越接近临界值,这种正向作用就会趋近于消失(刘强,2005)。这一实证研究的启示就在于,当全球经济告别"廉价石油时代",如何降低我国国民经济的石油集约度对于未来的可持续经济发展战略来说具有至关重要的战略作用。

第二,国际油价的冲击对我国宏观经济的作用机制具有明显的时段效应,而且在不同的经济发展阶段,不同的国际油价冲击形式也会有不同的影响程度和传导机制。以往的国内外研究文献并没有充分意识到这一不同"时段效应"的存在和重要性,而往往注重于对某样本区间内的影响。我们认为,这样的冲击效应研究缺乏对比性和针对性,很难客观地解释国际油价波动对中国宏观经济活动传导机理的演变路径和未来的发展趋势。很显然,随着中国国内经济的快速发展和石油需求量的急速增加,国际油价冲击对中国宏观经济活动的影响机理也必然会随着外部环境的变化而呈现出阶段性的非线性变化。

通过脉冲响应和方差分解分析,我们可发现如下现象。一方面,国际油价冲击对 1994 至 2007 年间国内的宏观经济冲击效应会更大、更明显。这主要是因为,直到 1993 年,我国的原油生产基本上仍能满足于自给自足的经济需要,国际油价波动对宏观经济的冲击效应自然不大。但是,在 1994 年以后,我国开始逐步发展成为世界上主要的原油进口国,而且对外依存度逐年攀升。在这种过高的石油依存度下,一旦遇到突发事件或者国际投机活动等因素导致的国际油价大幅上升,必然对国内宏观经济活动产生更大程度的影响。然而,可喜的是,我们的研究表明这一负向的冲击效应并没有像我们想象得那么严重,特别是对通货膨胀率的冲击效应。虽然在1994至2007年间的宏观冲击幅度要稍大于1978至1993年间的冲击幅度,但相对而言这一波动已表现出相当的平稳性。

对于国际油价冲击对国内宏观经济影响的渐进平稳性,可能存有两方面的原因。一是内生于经济发展的产业结构变动使得国内宏观经济对于国际油价变动冲击具有更强的应对能力(陈宇峰、缪仁余,2010)。也就是说,经济发展阶段的自适应能力使得国际油价冲击对国内宏观经济活动的影响可能要比之前的影响更弱一些。二是货币当局所采取"娴熟"的宏观政策操作能力可能削弱了国际油价冲击对国内宏观经济的传统冲击效应。当然,并不是所有国家的货币政策都会行之有效,不同的货币政策操作会使得国际油价冲击对不同国家的宏观经济影响产生分叉性的经济绩效(Hamilton,2003,2008;Barsky、Kilian,2004;Blanchard、Gali,2007)。而对于这一方向的探索性研究正是目前这一研究领域的重点可行发展方向之一,当然也是我们接下去进一步研究的一个突破口。另外,Blanchard和Gali(2007)的研究还指出,"好的运气""更低的石油消费份额"以及"更加灵活的劳动力市场"等其他因素都有可能会对国际油价冲击的宏观经济平稳性产生影响。

另一方面,不同的国际油价冲击形式在不同的时间段又有不同的影响。在1978至1993年间,国际油价本身对中国宏观经济的影响效应更为显著:对国内经济增长率与通货膨胀率的波动幅度更大,而且持续时间更长。但在1994至2007年间,国际油价本身对中国宏观经济活动的影响不再那么明显,而国际油价的变化——尤其是净石油价格增量(NOPI)——对中国宏观经济的冲击效应则更为明显。这与Lee、

Ni 和 Ratti(1995),Hamilton(1996)等人的多国实证研究比较吻合,也符合我国当今经济发展的实际情况。产生这一时段效应主要是由于在 1994 年前后我国对石油的生产需求发生了本质性的变化。1994 年后,我国的石油供给已经满足不了国内日益膨胀的石油消费,这使得国内经济的石油对外依赖性也在逐渐增强,国内与石油相关产品的生产价格受国际油价波动的影响越来越明显。再加上,目前我国正处于产业结构转型升级的关键时期,能源密集型、资源密集型的中小型生产企业仍占主导地位。一个很显然的事实是,我国大部分中小企业技术落后,产品附加值低,利润单薄,能源利用效率极其低下。一旦遇到国际油价的大幅变动,那么与石油相关的行业,特别是纺织、服装、塑料制品等传统行业的生产企业将会倍受生产成本增加之痛,其利润空间也被大大压缩。并且,从我国的出口贸易结构来看,纺织品、服装等传统产业又恰恰是我国的主要出口产品,国际油价的上涨使得这些以"物美价廉"制胜的中国出口产品在国际产品市场上失去了原有的竞争力。因此,国际油价的冲击效应自然会直接影响由出口贸易、政府投资等"三驾马车"驱动之下的中国经济增长速度。

通过本章的分段实证研究,我们还发现了另一结论:在 1978 至 1993 年间,只存在单向的 Granger 因果关系。也就是说,国际油价的冲击形式单向引起国内经济增长率和通货膨胀率变化,实际人民币汇率则单向引起国际油价的变动。而在 1994 至 2007 年间,则出现了双向的 Granger 因果关系。$\Delta oilp_t^+$ 与国内宏观经济活动的经济增长率、通货膨胀率及实际人民币汇率互相影响,相互作用。这也就说明,随着中国成为世界第二大石油消费大国和石油进口大国,中国经济发展的石油需求对世界石油市场的影响也就随之越来越大,内生于经济增长的中国石油需求量势必反映到国际油价的波动之中(宋增基等,2009)。

第三,国际油价冲击对中国宏观经济存在非对称的影响效应。越来越多的经济学家实证研究表明,国际油价冲击对各国经济有非对称影响:油价上涨对经济的影响程度要大于油价下降对经济的影响程度,无论是石油进口国,还是石油出口国都是如此(Parks,1978;Hooker,2002;Prasad 等,2007;Farzanegan、Markwardt,2009)。从本章的实证结果来看,在全样本区间中,国际油价冲击对宏观经济的非对称效应并不明显。而且,在样本 I 区间中,国际油价冲击对宏观经济影响有反向的非对称效应,即国际油价的下降对中国宏观经济的影响要大于国际油价的上升对中国宏观经济的影响。这很可能是因为在 1978 至 1993 年之间的中国仍是一个石油出口国。在样本 II 区间中,国际油价冲击对国内经济增长率的非对称影响并不显著,而对通货膨胀率的非对称效应十分显著。虽然 1994 至 2007 年间,我国的石油进口量逐年增加,但石油的消费毕竟只占整个能源结构中的较少一部分而已。因此,国际油价的冲击并不会造成对经济增长的直接影响。但是,石油资源作为国民生产中一种不可或缺的投入性要素,其价格的上涨必然会带动相关一系列产品价格的上涨,同时会带动生产成本和消费成本的迅速上涨。在过多依赖于国外石油进口的情况下,输入型通货膨胀是显而易见的。

基于以上的这些实证研究结论,我们提出如下几点政策建议。首先,要大力推进国内产业结构的转型升级,减低能耗型产业在工业结构的比重,尽量使国内工业经济结构中的石油集约度保持在临界值之下。这样不但可以减少国际油价波动对国内经济的冲击,甚至可能形成一种反向的冲击效应。其次,倡导全民节约能源,发展传统产业的技术升级改造,提高各产业的能源效率,减少目前国内经济超高速发展中存在的能源浪费和能源效率低下之现状,有效控制国内过度的石油需求增长速度。再次,积极寻找石油的替代能源,发展各种新能源技术。在短期内,中国新能源技术的产业化空间还非常有限;但在长期内,新能源的开发和利用对整个国家未来经济的可持续发展战略具有关键性意义。最后,要谋求中国在国际石油市场定价机制上的"话语权",逐步摆脱在国际石油市场中的被动身份,缓解国际高油价以及剧烈油价波动对我国国内宏观经济活动的巨大冲击效应。

第四章
能源冲击与中国奥肯定律的宏观稳定性

第一节　引言

自我国 1978 年实行改革开放以来,在过去的 40 年间国家经济总量得到了迅猛的扩张,经济增长率一度达到了 9.8%,高于同期世界经济增速 6.8 个百分点[①]。然而,我国就业增长的 GDP 弹性系数却呈现出了快速的下降趋势。也就是说,经济增长对就业的吸纳能力正在逐渐下滑(陆铭、陈钊,2002)。特别是在 1978 至 1990 年间,我国经济增长率为 9.1%,就业增长率为 2.9%,就业的 GDP 弹性系数为 0.32[②];而在 1991 至 2008 年间,就业弹性系数不足 0.2,甚至在少数年份位于 0.1 以下,远远低于同期的美国(0.42)、德国(0.20)和英国(0.18)[③]。

另一方面,自 1998 年以来,我国的失业率几乎保持在 6% 以上的水平,高速的经济增长并没有使失业率降低(蔡昉,2004;方福前、孙永君,2009)。这种"高增长"与"高失业"并存的发展格局使得传统的奥肯定

---

① 参见中国国家统计局:《新中国成立 60 周年经济社会发展成就回顾系列报告之一》。
② 参见根据《中国统计年鉴》的相关年份数据整理得到。
③ 参见根据国际货币基金组织公布的"国际金融统计"数据库计算得到。

律在我国的适用出现了明显的偏离。如何从理论上解释这一特有的经济现象,并有效识别出我国高速经济增长下失业率不断上升的根源所在,这不仅关系到指导整个国民经济就业的宏观政策制定,而且也关乎奥肯定律这一经验定律在中国的具体表现形式。事实上,这些问题还需要回到对奥肯定律的前提假设及其衍化路径进行深入剖析上来。

Okun(1962)对美国在1947至1960间的产出增长率和失业率之间的关系进行研究后指出,当其他条件不变时,美国的经济增长与失业率之间存在着一种此消彼长、互相替代的线性关系,即实际 GNP 下降3%,则失业率上升1%[①]。Martin(1993)从劳动市场的刚性、工人的工作时间以及生产效率等微观视角对奥肯定律进行了相关补充和完善。他指出,虽然奥肯定律中的产出和失业之间的负相关性不会发生根本逆转,但是产出和失业率之间的替代系数却会发生相应变化,特别是当失业率下降1%时,相应的产出增加只有2%—3%,而这一比例远远小于奥肯(Arthur Okun)最初得到的研究结论。Smith(1975)则指出受到不同时期、不同国家的差异影响,经济增长对失业率的替代程度有所不同,奥肯系数并不总是固定不变的。更进一步指出,潜在实际 GNP 和失业率之间的替代关系实则是一种短期关系,而且潜在产出缺口极易受到总需求波动的影响。因此,从长期来看两者之间的替代关系是极度不稳定的。

Moosa(1997)运用哈维(Harvey)构建的结构时间序列模型(Structure Time Series Model)提取出 G7 国家的周期性失业率和产出数据,然后对得到的经济数据进行线性回归,并以此来判断奥肯定律在 G7 国

[①] 事实上,实际 GNP 下降3%,则失业率上升1%的经验结论并不是完全固定的。奥肯(Arthur Okun)在后来的研究中发现,实际 GDP 增长相对于潜在 GDP 增长下降2%时,失业率大约上升1%。

家的适用性及稳定性。实证结果显示,奥肯定律是显著的但不稳定,其中,来自北美的两个国家(美国与加拿大)奥肯系数最高,其次是德国、英国、法国和意大利,而来自亚洲的日本奥肯系数最低。他认为造成这种差异的最主要原因是各国劳动市场的刚性不同,如果某国的劳动市场存在着严格的聘用和解雇制度,会对工人的就业带来不利影响。Gordon 和 Clark(1984)的研究也得出了类似的结论,他们对 20 世纪 80 年代美国的季度 GNP 缺口与失业率缺口的研究发现,当季度 GNP 缺口增加 1 个单位时,失业率缺口则减少约 0.5 个单位,也就是说,经济增长会降低失业率水平,这与奥肯定律的结论相一致,但替代比例有着明显的差别。Kaufman(1988)简单比较了六个国家的周期性失业率以后,发现各国失业的产出弹性在一定程度上各不相同,正是由于这种差异才造成了各国的经济增长对降低失业率的贡献程度有所不同。

相比之下,Clifford 和 Brian(1998)对经济增长和失业率之间的关系进行了更为全面的系统研究。首先,他们对英国的产出和失业数据进行协整分析,结果表明产出和失业之间存在明显的协整关系,也就是说,经济增长与失业率之间存在着长期的均衡关系。接着,他们采用 VECM 定量研究了英国的产出缺口和失业率缺口之间的替代比例,得到系数为 -1.4535,即失业率增加 1 个单位,则产出降低 1.4535 个单位。

上述对于经济增长和失业率的关系研究有一个共同的特点,就是假设产出的扩张或者收缩对失业绝对量的影响具有相同的效果,而没有考虑到产出对失业的非对称效应。Huang 和 Lin(2005)认为,与传统的线性参数模型相比,非线性参数模型能够更好地描述经济增长与失业率之间的真实关系。Cuaresma(2002)的一些研究指出,当期的经济增长与失业之间存在着明显的非对称性,特别是在经济衰退阶段,它所引发的失业远远大于繁荣时期创造的就业机会,而且经济衰退产生的失业持续时间较短,经济扩张带来的就业具有长期的持久性效应。而 Harris 和 Brian(2001)的实证研究进一步表明,七个经济合作与发展组织国家的产出波动和失业率之间存在着明显的非线性特征。

Silvapulle 等(2004)首先构建了一个动态模型,然后运用该模型重点研究"二战"以后美国的周期性产出和失业率之间的非对称关系,他发现经济增长与失业率之间存在着非对称性,更为重要的是,周期性产出对周期性失业的短期效应是正的,也就是说,从短期来看,经济增长对失业具有正向的拉动作用,这一结论与传统的奥肯定律完全不同。不仅如此,他还指出周期性失业率对负的产出缺口敏感度较高,对正的产出缺口敏感度较低。

此后,Mark 和 Brian(2006)运用马尔科夫机制转换方法(Markov Regime-Switching Approach)研究了美国的经济增长与失业率之间的非线性特征,他认为在不同的经济状态下,实际产出和失业之间存在非对称效应,而且当美国的经济处于扩张期时,周期性产出波动和失业之间的负相关出现了明显的逆转,这与 Silvapulle 等人的结论颇为相似。

目前,国内关于奥肯定律的研究也是存在着两种截然不同的观点。大多数研究者认为,中国总量经济增长与失业率之间的关系明显偏离传统的奥肯定律,也就是说,奥肯定律这一经验规律在中国是失效的。邹薇和胡翾(2003)选取 1980 至 1996 年间我国的 GNP、GDP 和城镇登记失业率数据为实证样本进行研究,得出了传统的奥肯定律在中国并不适用。但他们认为,如果使用就业人口指数取代传统的失业率指标,那一定能得出符合中国的奥肯模式。龚玉泉和袁志刚(2002)、李俊峰等(2005)认为奥肯定律在中国失灵的主要原因是因为中国目前正处在经济转轨时期,在西方普遍适用的某些经验规则在中国不一定适用。

因此，我国在运用奥肯定律的经验规则时要充分考虑国情，并对其进行合理有效的修正。

姜巍和刘石成(2005)对1978至2004年间我国的宏观经济数据进行回归检验，结果显示我国城镇登记失业率的变化与实际产出增长率之间不存在典型的奥肯定律。同时，他们用就业量替代失业率构建了一个新的奥肯模型，得出第二、三产业的经济增长与失业之间存在负相关，但第一产业的产出增长与失业率存在正相关。

而蔡昉指出，由于城镇登记失业率数据远远低估我国的真实失业率水平，因而并不能直接套用统计口径的城镇登记失业率数据来检验奥肯定律这一经验定律在中国的存在性与适用性。要检验这一经验定律，就必须要对此进行必要的修正。在他的研究中，则采用国际劳工组织对失业率的定义和调查方法，对1978年以来的中国城镇失业率进行了重新估计，有效克服了传统研究中的失业率数据失真问题。而且，他进一步以实际GDP年增长率和估计得到的失业率数据进行线性回归来研究中国的经济增长与失业率关系，得到中国并不存在奥肯定律的结论。在此基础上，方福前和孙永君针对差分版本、缺口版本、动态版本、生产函数版本和不对称版本等五个不同版本的奥肯定律在中国的适用情况分别作了实证研究，他们同样也得出我国的失业率和产出增长率之间并不存在一个固定比例的替代关系。这也就是说，奥肯定律的经验结论在我国并不适用。

另一方面，许多国内学者认为虽然我国的"高增长"与"高失业"并存的现象与传统的奥肯定律出现明显偏离，但是这种偏离并不能代表奥肯定律在我国的完全失效，主要原因有以下几点：第一，由于国家统计局公布的失业率数据只是城镇登记的失业率，这个指标并不包含下岗职工和农村的隐性失业人口，因此城镇登记失业率数据低估我国的真实失业率水平是一个不争的事实;第二,在不同的经济状态下(经济扩张或者经济收缩),产出缺口对失业率的影响具有非线性特征,所以他们认为应该采用更为科学、合理的方法来研究奥肯定律在我国的适应情况;第三,存在我国的劳动力供给总量超过就业岗位的可能性,导致经济增长不能完全消化新增劳动力,从而造成失业率不断上升。林秀梅和王磊(2007)采用 HP 滤波和门限估计法进行研究后发现,以往研究中被人们认为严重背离奥肯定律的我国经济增长和失业率的替代关系,在我国存在着非线性的表现形式,而且产出的变动可能会引起失业率的非对称性变化。

由此可见,国内关于奥肯定律的大多数研究仍集中在寻找两者之间的线性特征,很少会去关注奥肯定律可能蕴含的非线性、非对称特征;而且,已有的研究大多采用官方公布的城镇登记失业率数据为实证样本,而这种做法会因为统计口径中失业率的数据缺乏足够的波动性使得最终的实证结果令人难以信服。事实上,产出与失业之间不存在简单的线性关系并不能直接推断奥肯定律在中国的存在性,因为从学理的逻辑性来看还存在另一种非线性的可能性。因此,本章将在蔡昉(2004)、方福前和孙永君(2009)的研究基础上,重新考察对中国奥肯定律的存在性和非线性特征;同时,也结合国际油价不断上涨的外部环境,系统研究外部供给冲击下奥肯定律这一经验规律的稳定性问题,试图为剖析"高增长"与"高失业"并存的现象提供一种全新的研究视角。

本章接下去的安排如下:第二节是非线性奥肯定律的模型构建;第三节重新考察1978至2009年间中国产出缺口与失业率数据之间存在奥肯定律这一经验规律的可能性以及非线性特征;第四节是外部供给冲击下奥肯定律的稳定性检验;第五节是主要结论。

第二节　模型构建

美国经济学家奥肯教授最先注意到一个国家的经济增长与失业率之间可能存在着一种线性的替代关系，两者之间的具体关系可表述为：

$$(u - u^*) = -\alpha(Y - Y^*)/Y^* \tag{4-1}$$

其中，u 表示失业率，u^* 为自然失业率，α 为系数，Y 为实际产出额，Y^* 为潜在产出额。

而 Huang 和 Lin(2005)则进一步指出，在对奥肯定律的经验规则进行验证时，可以假设现实经济中的生产函数为柯布-道格拉斯生产函数(C-D 函数)，即

$$Y(t) = F(K(t), A(t)L(t)) = K^\alpha(t) \times (A(t) \cdot L(t))^\beta \tag{4-2}$$

其中，Y、K、A、t 分别表示产出、资本、技术和时间，α 和 β 分别表示资本和有效劳动的产出弹性。

接着，对式(4-2)两边取对数并求导，可得式(4-3)：

$$\dot{Y}(t)/Y(t) = \alpha \cdot \dot{K}(t)/K(t) + \beta \cdot \dot{A}(t)/A(t) + \beta \cdot \dot{L}(t)/L(t) \tag{4-3}$$

其中，$\dot{Y}(t)/Y(t)$ 表示产出增长率，$\dot{K}(t)/K(t)$ 为资本增长率，$\dot{A}(t)/A(t)$ 为技术进步增长率，$\dot{L}(t)/L(t)$ 为劳动增长率。

其次，假设劳动 $L = n \times h$，n 表示就业人数，h 表示工人的工作时间，并将 $L = n \times h$ 代入式(4-3)，可得

$$\dot{Y}(t)/Y(t) = \alpha \cdot \dot{K}(t)/K(t) + \beta \cdot \dot{A}(t)/A(t) + \beta \cdot \dot{n}(t)/n(t) + \beta \cdot \dot{h}(t)/h(t) \tag{4-4}$$

其中,$\dot{n}(t)/n(t)$ 为就业人数的增长率,$\dot{h}(t)/h(t)$ 为工作时间的增长率。

为了方便计算,我们对 n 做如下近似处理,令 $\dot{n}/n = \dot{l}/l - \dot{u}$,$\dot{l}/l$ 表示劳动供给的增长率,$\dot{u}$ 表示失业率。再参照 Jose 和 Adolfo(2009) 的处理方法,采用产出缺口来替代产出增长率,则得到

$$(Y_t - Y_t^*)/Y_t^* = \alpha \cdot \dot{K}(t)/K(t) + \beta \cdot \dot{A}(t)/A(t) + \beta \cdot \dot{l}(t)/l(t) + \beta \cdot \dot{h}(t)/h(t) - \beta \cdot \dot{u}_t \tag{4-5}$$

对式(4-5)移项并化简得到

$$\dot{u}_t = a + b \times (Y_t - Y_t^*)/Y_t^* \tag{4-6}$$

其中,$a = \alpha/\beta \cdot \dot{K}(t)/K(t) + \dot{A}(t)/A(t) + \dot{l}(t)/l(t) + \dot{h}(t)/h(t)$,$b = -1/\beta$,$(Y_t - Y_t^*)/Y_t^*$ 为产出缺口。

Moosa(1997)指出,解释变量的滞后项往往会影响当期的被解释变量水平,如果忽视解释变量滞后项的影响,则会导致最终结果与真实值之间产生较大的偏差。于是,我们在式(4-6)的基础上引入产出缺口和失业率的滞后变量,构造了包含滞后变量的奥肯定律模型,具体的表达式如下所示,

$$\dot{u}_t = a_0 + \sum_{i=1}^{p} a_i \cdot \dot{u}_{t-i} + \sum_{j=0}^{q} b_j \cdot (Y_{t-j} - Y_{t-j}^*)/Y_{t-j}^* + \sigma \cdot e_t^s \tag{4-7}$$

其中，p 为失业率的滞后阶数，q 为产出缺口的滞后阶数，e_t^s 表示供给冲击。

为了更好地考察产出缺口与失业率之间的非线性特征，我们进一步采用 Bacon 和 Watts(1971) 提出的平滑转换回归模型(Smooth Transition Regression, STR)。在上述包含滞后变量的奥肯定律模型中，再引入转换函数，从而构建出一个基于非线性模型的奥肯定律，以进一步描述产出缺口与失业率之间可能存在的非线性特征。具体形式如下：

$$\dot{u}_t = a_{10} + \sum_{i=1}^{p} a_{1i} \cdot \dot{u}_{t-i} + \sum_{j=0}^{q} b_{1j} \cdot (Y_{t-j} - Y_{t-j}^*)/Y_{t-j}^* + \left[a_{20} + \sum_{i=1}^{p} a_{2i} \cdot \dot{u}_{t-i} + \sum_{j=0}^{q} b_{2j} \cdot (Y_{t-j} - Y_{t-j}^*)/Y_{t-j}^* \right] \cdot G(s_t, \gamma, c) + \alpha \cdot e_t^s \quad (4-8)$$

那么，失业率包含两个部分，即线性部分 $\left(a_{10} + \sum_{i=1}^{p} a_{1i} \cdot \dot{u}_{t-i} + \sum_{j=0}^{q} b_{1j} \cdot (Y_{t-j} - Y_{t-j}^*)/Y_{t-j}^* \right)$ 和非线性部分 $\left(\left[a_{20} + \sum_{i=1}^{p} a_{2i} \cdot \dot{u}_{t-i} + \sum_{j=0}^{q} b_{2j} \cdot (Y_{t-j} - Y_{t-j}^*)/Y_{t-j}^* \right] \cdot G(s_t, \gamma, c) \right)$。这一处理方法不仅寻找出产出和失业之间的线性关系，同时也便于我们进一步研究两者之间的非线性特征。其中，s_t 是转换变量，它可以是一个滞后的内生变量($s_t = u_{t-i}$)，此时 STR 模型就成为平滑转换自回归模型(Smooth Transition Autoregressive, STAR)，也可以是一个外生变量($s_t = (Y_{t-j} - Y_{t-j}^*)/Y_{t-j}^*$)。参数 γ 决定函数转化的平滑程度，其数值越大，则表明两种机制转换的速度越快；反之，数值越小，表明转换速度越慢。当 $\gamma = 0$ 时，STAR 模型也就退化成典型的线性回归模型(c 为机制转换间的门限值)。也就是说，两

者之间并不存在任何的非线性特征。① G 表示转换函数,它是值域为 $[0,1]$ 的有界、连续函数;特别是当 $G=0$ 时,非线性部分消失,STAR 模型退化成为线性模型,这与 $\gamma=0$(此时,$G=1/2$)的情况非常相似。但根据转换函数的不同性质,STAR 模型又可分为 LSTAR(Logistic STAR)模型和 ESTAR(Exponent STAR)模型。LSTAR 模型的转换函数为 $G(s_t;\gamma,c)=(1+\exp\{-\gamma(s_t-c)\})^{-1}$,其中 $\gamma>0$;而 ESTAR 模型的转换函数为 $G(s_t;\gamma,c)=1-\exp[-\gamma(s_t-c)^2]$,$\gamma>0$,它关于 $s_t=c$ 对称。

第三节 实证结果

一、数据来源

目前,我国官方公布的失业率数据只有城镇登记失业率,这一指标因统计范围过于狭窄而低估了我国的真实失业率水平②。因此,国内外研究者纷纷采用各种间接的估计方法来推算我国的失业率水平。从已有的文献资料来看,蔡昉提出的失业率估计方法应该是比较可靠的。他指出,由于农村家庭承包制保证了农民至少可以从事农业生产,因而

---

① 有关更多的非线性经济模型的设定和具体形式,参见格兰杰、泰雷斯维尔塔:《非线性经济的建模》,朱保华等译,上海财经大学出版社,2006年,第7章。

② 长期以来,国内一大批学者在如何有效衡量我国失业率水平的问题上争执不下,争执的焦点就在于没有形成一个较好的失业率指标。目前,官方公布的城镇失业率数据不仅缺乏足够的可信度,而且往往都是只公布年度数据,因而造成失业率数据的样本波动性不够,缺乏说服力。在此情况下,许多学者纷纷采用不同的研究方法对我国失业率水平进行估计,但是由于统计口径和研究方法的不同,极易造成得到的失业率水平千差万别,不具有可比性。

在不能有效获得农村真实失业率的情况下,近似假设农村失业率为0。然后,用国家统计局提供的城乡加总经济活动人口数减去农村就业人口得出城镇经济活动人口,再减去城镇就业人口,最终得出失业人口。本章也采用这一处理方法,根据国家统计局网站公布的经济活动人口、城镇就业人数和农村就业人数,计算得出1978至2009年间的失业率,共32个样本数据。

对于产出水平,一般的研究文献都会使用GDP——实际GDP等于名义GDP除以GDP平减指数。考虑到数据的可获得性,本章则采用定基居民物价指数(以1978年的值为100)取代GDP平减指数。产出缺口是指实际GDP偏离潜在GDP的百分比,而潜在GDP的计算方法主要有趋势分解法和经济结构估计法两大类。前者包括回归分析法和HP滤波方法,后者主要包括生产函数法(陈彦斌,2008)。本章选用HP滤波方法来计算1978至2009年间我国的潜在GDP水平,以上所有数据均来自中国国家统计局。

现实世界中的供给冲击形式多样,但石油价格冲击是所有外部供给冲击中最为普遍采用的形式之一。现代宏观经济学理论已经将国际石油价格上涨看成是一个典型的、负向的供给冲击(Hamilton,1983)。于是,本章选取美国西德克萨斯中质原油(WTI)、英国伦敦布伦特原油(Brent)和亚洲迪拜原油(Dubai)的现货石油价格的平均价格作为国际油价的替代变量,然后以国际油价的增长率来衡量外部的供给冲击,以上所有数据均来自英国石油公司的官方网站。

二、描述性统计

图4-1描绘了在1978至2009年间,我国的失业率与产出缺口之间

的关联性。不难发现,当失业率维持在 2% 时,产出缺口为正,且处于 [0.05,0.1] 的范围内,这意味着实际产出大于潜在产出,经济处于快速发展阶段。当失业率大于 2% 小于 3% 时,产出缺口由正转负,表明失业率的上升将导致经济下滑,或者说,失业率与经济增长之间存在着替代关系。当失业率大于 3% 且小于 5% 时,随着失业率的上升,产出缺口由负转正,表明经济增长将拉动失业率上升,两者之间表现出了正相关。当失业率高于 5% 小于 8% 时,产出缺口由正转负,预示着两者之间的关系再次出现逆转,也就是说,随着失业率上升,产出缺口逐渐下降。因此,从总体来看,我国的失业率与产出缺口之间并不存在着固定比例的替代关系,而是在不同时期、不同的经济阶段下表现出了明显的非线性特征。

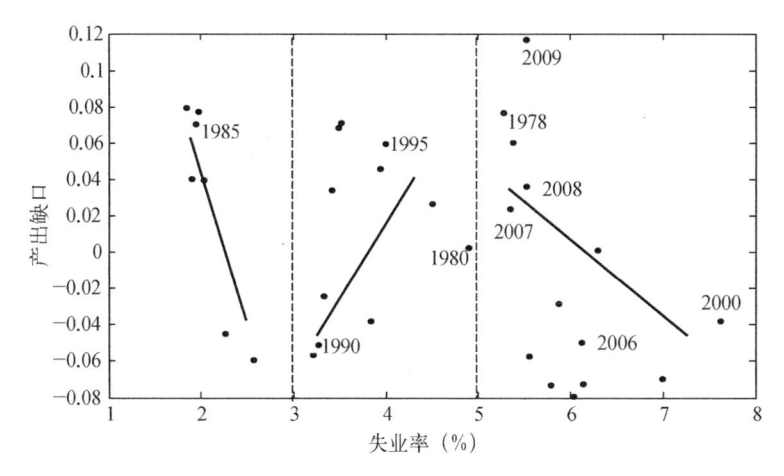

图 4-1 失业率与产出缺口的关联性

三、实证分析

为了客观、科学地研究奥肯定律的经验规则在我国的适用性,我们对时间序列进行了平稳性检验,并采用扩展的 Dickey-Fuller(即 ADF)检验方法,来判断失业率和产出缺口序列的平稳性。从表 4-1 中不难看出,在 5% 的置信水平下,失业率是一阶非平稳序列,记为 I(1),而产出缺口是一阶平稳序列。

通过相关性分析,我们发现失业率、失业率一阶滞后、失业率一阶差分、产出缺口以及产出缺口一阶滞后等五个变量之间存在着明显的多重共线性,因而不能直接进行线性回归。而当删除失业率一阶差分序列后,多重共线性基本消失,于是,得到如下的线性回归方程:

$$u_t = 0.004 + 0.901 \times u_{t-1} - 0.022 \times gap_t + 0.026 \times gap_{t-1},$$
$$(0.004)(0.098) \qquad (0.039) \qquad (0.041)$$
$$t = 1979, \ldots, 2009$$
$$R^2 = 0.800, \overline{R}^2 = 0.778 \tag{4-9}$$

其中,估计参数下面括号内的数值为对应参数估计值的标准差,gap_t 表示当期的产出缺口序列,gap_{t-1} 表示滞后一期的产出缺口序列,下同。

表 4-1 单位根检验结果

变量	ADF 检验					
	t 值	P 值	DW	AIC	SC	(c,t,k)
u	-1.00	0.74	1.88	-6.76	-6.62	(c,0,1)
du	-6.48	0.00*	1.87	-6.78	-6.69	(c,0,0)
gap	-3.10	0.04+	2.00	-3.99	-3.85	(c,0,1)

注:"*"和"+"分别代表 1% 和 5% 的显著性水平,c、t、k 分别代表截距项、时间趋势项和滞后阶数,du 表示失业率的一阶差分序列,gap 表示产出缺口序列,下同。

从上述的线性回归结果来看,1979 至 2009 年间,该方程对我国失业率的整体解释程度达到了80%;其中,当期失业率与当期产出缺口呈负相关,而与滞后一期的失业率和产出缺口呈正相关。然而,由于 gap_t 和 gap_{t-1} 的系数并未通过 t 检验,因而失业率与产出缺口之间并不存在着明显的线性关系。换言之,传统的奥肯定律这一经验规律在我国并不存在。这一结果与方福前和孙永君得到的缺口版本的奥肯定律在我国并不适用的研究结论是基本一致的。他们认为,利用 HP 滤波计算得到的产出缺口与失业率之间的线性回归并不显著,因而,我国不存在缺口版本的奥肯定律。

接下去,为了探究我国的失业与产出之间是否存在非线性特征,我们依据第二部分所构建的非线性奥肯定律模型,同时借鉴赵进文和范继涛(2007)的研究思路,选取 u_{t-1}、gap_t 和 gap_{t-1} 作为平滑转换变量的备选变量,运用 Luukkonen 等(1988)提出的 LM 检验来判断我国的奥肯定律是否存在非线性特征。

首先,把转换函数 G 用其三阶 Taylor 近似替换,得到了如下的辅助回归方程:

$$u_t = \beta_0 + \sum_{i=0}^{3} a_{1i} \cdot u_{t-1} \cdot S_t^i + \sum_{j=0}^{3} b_{1j} \cdot gap_t \cdot S_t^j + \sum_{j=0}^{3} b_{2j} \cdot gap_{t-1} \cdot S_t^j + \eta \quad (4-10)$$

如果失业率与产出缺口之间不存在非线性特征,则应有

$$H_0: a_{1i} = b_{1i} = b_{2i} = 0, i = 1,2,3 \quad (4-11)$$

然后在式(4-10)中,针对非线性特征的假设检验,我们构造出如下的 LM 检验:

$$LM = \frac{T(SSR_0 - SSR_1)}{SSR_0} \quad (4-12)$$

其中,SSR_0 为在 H_0 下对应的线性模型中,线性回归方程的残差平方和,SSR_1 为辅助回归方程的残差平方和,LM 渐近服从 $\chi^2(p)$ 分布,$p=m+k$,m 表示失业率的滞后阶数,k 为解释变量的个数,T 表示样本容量(因为滞后一阶,故 $T=32-1$)。

进一步地说,我们还需要确定奥肯定律的非线性动态结构的调节形式。也就是说,需要确定选择的模型是 STAR、LSTAR 还是 ESTAR。根据 Sarantis(2001)、王成勇和艾春荣(2010)的分析方法,在式(4-11)的基础上可构造如下的序贯检验:

H_{01}:$b_{1i}=0$;H_{02}:$b_{1i}=0/b_{2i}=0$

如果不能拒绝 H_{01},但却拒绝 H_{02},则应该选择 ESTAR 模型,否则选择 LSTAR 模型。

结果发现,不论选择 u_{t-1}、gap_t 和 gap_{t-1} 中的任何一个作为平滑转换变量,在10%的显著性水平下,原假设 H_0 几乎都被拒绝,同时 H_{01} 和 H_{02} 也都被拒绝,因此我们选择 LSTAR 模型。表4-2分别给出了对应于 u_{t-1}、gap_t 和 gap_{t-1} 作为转换变量时的检验统计量 LM 的 p 值以及 SSR_0 和 SSR_1 值。

表4-2 平滑转换变量的选择

	u_{t-1}	gap_t	gap_{t-1}
SSR_1	0.000991	0.001378	0.001417
	$SSR_0=0.001687$		
LM(p 值)	0.00534	0.08302	0.1038

当 u_{t-1} 作为平滑转换变量时,检验统计量 LM 的 p 值最小。于是,我们选择 u_{t-1} 为平滑转换变量,然后赋予门限值 c 的初始范围为 [-0.7,0.3],平滑转换程度 γ 的初始范围为[0,435],分别从最小值和

最大值等间距取 30 个值,构造出 900 对组合。并对选择的 LSTAR 模型运用基于 Newton-Raphson 迭代和最大化条件似然函数估计方法[①],利用 SAS 软件编程求解参数,剔除参数的 p 值超过 0.5 的不显著变量后,得到最终的转换函数 G 和非线性奥肯定律的回归方程,具体形式如下所示:

$$G = 1/\{1 + \exp[-5313.749 \times (u_{t-1} - 0.055495)]\} \quad (4-13)$$

$$u_t = 0.9569 \times u_{t-1} + 0.0336 \times gap_{t-1} + \frac{0.10224 - 1.623 \times u_{t-1} - 0.0972 \times gap_t}{1 + \exp[-5313.749 \times (u_{t-1} - 0.055495)]} \quad (4-14)$$

$$R^2 = 0.8899, \overline{R}^2 = 0.8427$$

从转换函数的估计结果来看,平滑转换系数 $\gamma = 5313.749$,数值较大,预示着从一种机制向另一种机制转变几乎是瞬间完成的。当转换变量 u_{t-1} 小于门限值 $c(c=0.005495)$ 时,转换函数值趋向于 0,非线性特征消失,表现为 LSTAR 模型退化成简单的线性回归模型。当转换变量 u_{t-1} 大于门限值 c 时,失业率的较小变化将得到数倍放大,失业率与产出之间表现出明显的非线性特征。这一点也可以从图 4-2 中得到有力的佐证,在 1978 至 1997 年间,由于转换变量 u_{t-1} 小于门限值 c,LSTAR 模型退化成传统的线性模型,这意味着我国的失业与产出之间并不存在明显的非线性特征。同时,结合上述线性回归模型所得的结果,我们得出,在这一时期内我国既不存在传统的奥肯定律,也不存在非线性形式的奥肯定律。然而,在 1998 至 2009 年间,转换变量 u_{t-1} 普遍大于门限值 c,使得转换函数值趋向于 1,表现出十分明显的非线性特征,体现为产出的扩张或者收缩对失业绝对量的影响具有截然不同

---

① 这里 LSTAR 模型的处理方法与陈宇峰和缪仁余(2010)的处理方法完全一致。

的非对称效应。

在非线性奥肯定律模型的线性部分中,失业率与 gap_t 无关,而与 u_{t-1} 和 gap_{t-1} 呈正相关。这表明,产出缺口并不直接影响失业率,而是通过其一阶滞后来间接影响失业率,且具有正向的拉动作用。但是,系数只有 0.0336,说明产出缺口对失业率的间接影响程度较小。滞后一期的失业率对其自身具有正向的推动作用,系数为 0.9569。由此可见,失业率具有较强的惯性。而在非线性部分中,失业率与 gap_t 和 u_{t-1} 呈负相关,与 gap_{t-1} 无关,意味着滞后一期的失业率以及产出缺口对失业率的影响方向发生改变。其中,产出缺口直接影响失业率,系数为 -0.0972,表明经济扩张将会有效降低失业率水平,影响程度几乎是线性部分中间接正向拉动效应的三倍(系数为 0.0336),这也说明了即期的产出缺口对失业率的直接影响更大。不仅如此,滞后一期的失业率对即期失业率的影响程度也得到大大提高,系数为 -1.623。很显然,失业率的惯性在失业率的未来走势中起着主导作用,而产出缺口处于支配地位。

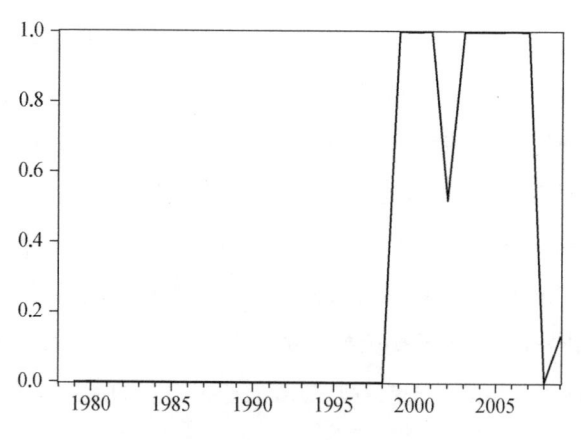

图 4-2 转换函数曲线图

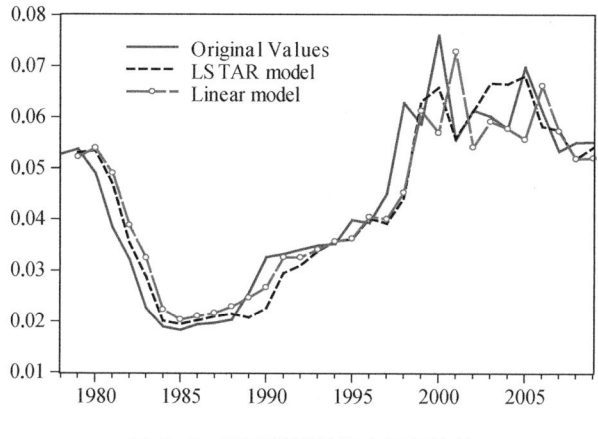

图 4-3　不同模型的拟合结果比较

另外,产出对失业的传导效应到底是正向的还是负向的,主要取决于转换函数值的大小。如果转换函数值较小,甚至为 0(此时,LSTAR 模型退化成线性模型),则产出对失业率具有正向的拉动效应,但是影响程度较小。如果转换函数值越大,甚至为 1,则产出对失业具有显著的负向的降低效应。这也意味着自从 1998 年以来,传统的奥肯定律在我国已经失效,表现为奥肯定律存在明显的非线性特征,但与此同时,产出与失业之间仍然存在着明显的替代关系,这与方福前和孙永君得出的奥肯定律经验规则(即产出和失业之间存在固定比例的替代关系)在我国并不适用的研究结论有所不同。

与此同时,相比传统的线性模型,LSTAR 模型在描述我国的失业与产出之间的关系时具有明显优势:一方面,它得到了较大的拟合优度,拟合效果远远好于线性模型(如图 4-3 所示);另一方面,它又能有效地捕捉到在不同经济阶段下(经济扩张和经济收缩),失业和产出之间的动态关系转变,有效弥补传统的线性模型在这一领域的研究不足和缺陷。

第四节　外部冲击下的中国奥肯定律研究

上述实证研究表明,从 1998 年以来,我国的产出与失业之间出现了明显的非线性特征,产出的扩张或者收缩对失业绝对量的影响具有截然不同的效果。也就是说,高速的经济增长并没有使国内的失业率快速降低,反而使失业率维持在一个较高的水平。对这种"高增长"与"高失业"并存的现象,国内许多学者已做了大量有益的研究分析。

蔡昉(2004)等人认为,从 1998 年开始,中央实施的财政政策和货币政策具有了明显的扩张性,旨在通过刺激消费和投资需求来推动经济增长。然而,无论是调控取向还是调整的宏观措施,都不具有显著推动就业的效果。究其原因,主要是政府投资领域往往是吸纳就业能力较弱的行业,扩张性政府投资具有逆就业倾向,从而造成经济的高速增长并未有效地拉动就业快速上升。方福前和孙永君(2010)则认为,由于受到总需求冲击和总供给冲击的双重影响,产出与失业之间的反向关系被彻底破坏,特别是在 2000 年以来,正向的供给冲击所带来的产出增加在长期内使得我国的失业率不断上升,正是这一不利的影响,才导致目前的"高增长"与"高失业"并存的格局,最终使得奥肯定律在我国出现了失灵现象。然而,他们的分析仅集中于总需求冲击和总供给冲击本身,并没有细分出供给冲击的结构,也没有深入考察供给冲击对于我国产出和失业的传导途径。

鉴于上述考虑,本章选取国际油价冲击作为供给冲击的替代变量,做出这种选择主要基于以下几方面原因。首先,在诸多的供给冲击变量中,石油价格冲击对一国宏观经济的影响,尤其是对诸如产出、失业等实际变量的影响最为突出,而且加上油价冲击容易度量的特点,很快便成为国内外研究者衡量供给冲击的首要选择。其次,Hamilton(1996)等一大批主流经济学家都认为石油价格冲击对经济增长会产生非对称的冲击效应。也就是说,油价上涨和下跌对经济的影响是不对称的。最后,我国从 1998 年开始实行与国际油价接轨的政策以来,国内原油、成品油价格开始走上了市场定价的道路,不再是以往的政府自主式定价。国际油价上涨不仅直接影响着我国的经济生产与社会生活,而且还将传导至货币政策,进而间接影响我国的产出和失业(Chen Y.、Huang G. 和 Ma L.,2017)。此外,近年来石油进口对外依存度的连续飙升,也大大增加了外部冲击对于我国经济的运行风险(陈宇峰、俞剑,2012)。所以,在奥肯定律的非线性模型中,引入国际油价这一外部冲击变量,进而分析外部冲击下的中国奥肯定律是非常必要的①。

首先,我们选取 os_t 表示外部的国际油价冲击,并将其引入到奥肯定律的非线性模型中,从而得到了包含国际油价冲击的非线性奥肯定律模型,具体形式如下:

$$\dot{u}_t = a_{10} + \sum_{i=1}^{p} a_{1i} \cdot \dot{u}_{t-i} + \sum_{j=0}^{q} b_{1j} \cdot (Y_{t-j} - Y_{t-j}^*)/Y_{t-j}^* + \beta_1 \cdot os_t [a_{20} + \sum_{i=1}^{p} a_{2i} \cdot \dot{u}_{t-i} + \sum_{j=0}^{q} b_{2j} \cdot (Y_{t-j} - Y_{t-j}^*)/Y_{t-j}^* + \beta_2 \cdot os_t] \cdot G(s_t, \gamma, c) + \eta_t \quad (4-15)$$

---

① 20 世纪 70 年代,国外学术界出现了一场激烈的争论。一派以汉密尔顿为代表,他们认为不利的外部国际油价冲击会导致美国的通货膨胀率和失业率急剧上升,进而导致美国出现不可遏止的经济衰退,尤其是在 1946 至 1981 年间,美国国内近 7/8 的经济衰退现象都是以国际油价的快速上涨为前兆。另一派以伯南克(Ben Bernanke)为代表,他们认为美国国内的经济衰退和失业率上升虽然受国际油价上涨影响较大,但是造成美国经济衰退和失业率飙升的根本原因并非是外部油价冲击,而是国际油价上涨引发的紧缩货币政策。当然,也有少部分新货币主义者(New Monetarist)认为是两者共同作用产生。总的来看,不可否认的是国际油价短期大幅上升对中国这个全球第二大石油消费国的失业率有着不容忽视的作用。

其中，η_t 为随机误差项，$\eta_t \sim N(0,\sigma^2)$。

其次，依据式(4-10)至式(4-12)的计算步骤，得出原假设 H_0 都被拒绝，同时 H_{01} 和 H_{02} 也都被拒绝，因此我们仍然选择 LSTAR 模型，进一步，我们得到当 gap_t 作为平滑转换变量时，检验统计量 LM 的 p 值最小。于是，选择 gap_t 作为平滑转换变量，然后利用 SAS 软件编程求解参数，剔除参数的 p 值超过 0.5 的不显著变量后，得到如下的转换函数 G 和非线性奥肯定律的回归方程：

$$G = 1/\{1 + \exp[-1296.233 \times (gap_t + 0.05)]\}$$

$$u_t = -0.03 + 0.023 \times os_t - 0.9999 \times gap_t + (0.0279 + 0.87 \times u_{t-1} - 0.025 \times os_t + 0.9839 \times gap_t + 0.11 \times gap_{t-1})/\{1 + \exp[-1296.233 \times (gap_t + 0.05)]\} \quad (4-16)$$

$$R^2 = 0.8652, \overline{R}^2 = 0.7871$$

转换函数中的平滑转换系数 $\gamma = 1296.233$，远远小于没考虑国际油价冲击下的转换系数($\gamma = 5313.749$)，表明在国际油价的外部供给冲击下，国内失业率在两种不同机制间的转换更为平缓。当产出缺口小于门限值 c 时，即 $gap_t < -0.05$，转换函数值趋向于 0，表现为产出与失业之间只存在线性关系。而当产出缺口大于门限值 c 时，即实际产出开始接近潜在产生或者超过潜在产出时，我国的失业与产出间将表现出明显的非线性特征。

从图 4-4 中可以看出，在国际油价冲击的外部影响下，我国失业与产出之间只在 1982 年、1989 年、2001 至 2005 年间没有表现出非线性特征，其余年份均表现出了较强的非线性特征，而且在 1978 至 2009 年间，我国的奥肯定律在非线性和线性阶段内频繁地出现转换，这一结论也预示着来自外部的供给冲击将会引起奥肯定律在我国的大范围变动。根据之前的实证结果可知,当不考虑国际油价引起的供给冲击时,我国的奥肯定律在 1978 至 1997 年间不存在非线性特征,而在 1998 至 2009 年间存在明显的非线性特征。造成这种差异的原因有以下两点:第一,石油价格的上涨和下降对宏观经济的影响存在着明显的非对称效应,石油价格的大幅上涨将导致通胀上升,甚至出现经济衰退,而石油价格的急剧下跌却不会同等程度地引起经济繁荣;第二,在 1978 至 1998 年间,我国石油价格经历了从单一的国家计划控制到双轨制的转变,国内石油市场化程度不高,石油价格更是完全由政府自主定价,致使其价格往往低于同期国际油价水平。而在 1998 至 2009 年间,虽然我国采取了与国际油价接轨的措施,但国内的石油价格仍然不是完全的市场定价,而是政府在考虑多方利益后的指导价格。

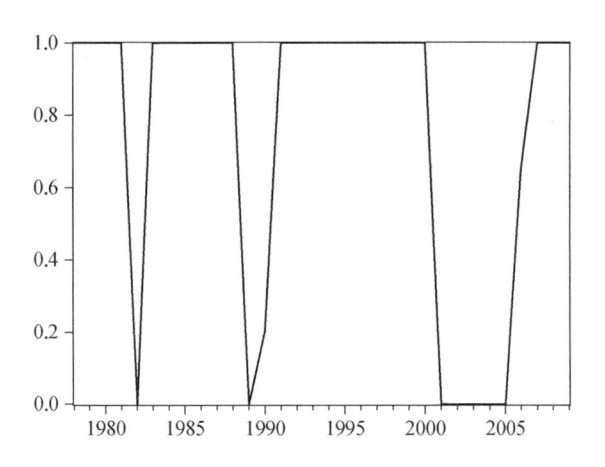

图 4-4 石油价格冲击下的转换函数曲线

在线性部分中,u_t 与 gap_t 呈负相关,系数接近于 -1,表明产出与失业之间仍然存在着替代关系,且替代效应明显。同时,u_t 与 os_t 呈正相关,这表明国际油价的大幅上涨必将引起失业率上升,特别是当国际油价增长 100% 时,国内失业率将增加 2.3%。事实上,自从 2004 年以来,

"第三次全球性石油危机"已经导致国际油价上涨幅度超过了150%，如果假设其他条件不变，那么失业率的上升幅度将超出3.5%。可见，国际油价上涨带来的外部冲击对我国的失业影响是显著的。

在非线性部分中，u_t与os_t呈负相关，与u_{t-1}、gap_t、gap_{t-1}呈正相关。其中，gap_t对失业率的影响程度最大，其次是u_{t-1}和gap_{t-1}，而外部供给冲击对失业率的影响最小，系数仅为-0.025。总体来看，当转换函数值趋向于1时，外部供给冲击给失业率造成的影响效果并不显著，几乎可以忽略，这种现象的根源在于国内对石油价格实施严格的价格管制。但是，正是国际油价大幅上涨引起的外部供给冲击使得我国产出和失业之间的替代关系出现根本性逆转，表现为正相关，也就是说，随着国际油价的大幅飙升，国内经济的快速增长将导致失业率随之上升。这种现象在2005年以来尤为明显，我们认为，造成这种现象的原因是由于国际油价上涨给国内的通胀产生了巨大压力，政府为了降低通胀压力，采取包括货币政策在内的各种宏观经济政策在一定程度上损害了就业的快速增长，甚至直接导致了失业率的上升。

从图4-5中可以看出，国际油价带来的外部供给冲击明显地引起了我国奥肯定律的移动，而且从拟合效果来看，外部冲击下的LSTR模型要略低于之前的LSTAR模型。但是从总体效果来看，受到外部冲击的影响，我国奥肯定律的非线性特征仍然是显著的。

为了进一步验证LSTAR模型的优越性以及外部冲击对我国奥肯定律的影响，我们对传统的线性模型、LSTAR模型、外部冲击下的LSTR模型的研究结论进行了系统、全面的比较（如表4-3所示）。一方面，LSTAR模型和包含外部冲击的LSTR模型比传统的线性模型拥有更大的R^2和$\bar{R}^2$，模型的整体解释程度更高，其中，LSTAR模型的拟合优度最高，LSTR模型次之。另一方面，LSTAR模型和LSTR模型能够有效

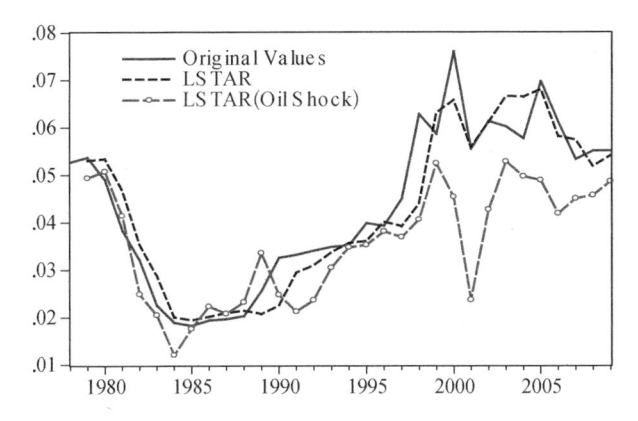

图4-5 油价冲击下的非线性奥肯定律拟合效果比较

捕捉到在不同经济阶段下的产出与失业之间的动态关系演变,而这正是传统线性模型的研究弱点,所以得到的实证结果更为合理、可信。

表4-3 线性模型和 LSTAR 模型的回归结果

		常数项	u_{t-1}	gap_t	gap_{t-1}	os_t	R^2	调整的 R^2
线性模型		0.004 (0.004)	0.901 (0.098)	-0.022 (0.039)	0.026 (0.041)	—	0.800	0.778
LSTAR	线性部分	—	0.957 (0.129)	—	0.034 (0.041)	—	0.890	0.843
	非线性部分	0.102 (0.027)	-1.623 (0.428)	-0.097 (0.096)	—	—		
LSTR (Oil shock)	线性部分	-0.030 (0.036)	—	-0.9999 (0.639)	—	0.023 (0.027)	0.865	0.787
	非线性部分	0.0279 (0.036)	0.87 (0.488)	0.9839 (0.641)	0.110 (0.161)	-0.025 (0.028)		

第五节　本章小结

本章在传统的线性奥肯定律模型上引入平滑转换回归模型,构建了一个奥肯定律的非线性模型,然后运用 HP 滤波方法估算出了 1978 至 2009 年的潜在 GDP 和产出缺口,并采用蔡昉的估计方法重新测算了我国的失业率水平,同时结合国际油价的外部冲击,系统、全面地考察了在不同时期、不同经济阶段下我国失业与产出的关系演变,较好地解释了目前存在的"高增长"与"高失业"并存的现象。本章的主要结论可简要总结为以下几个方面:

1. 与传统的线性参数模型相比,STR 模型考虑了产出对失业的非对称效应,有助于挖掘出我国失业与产出在不同阶段下的动态关系演变,对判断我国奥肯定律的具体表现形式具有重要的现实参考价值。

2. 在 1978 至 1997 年间,我国既不存在线性形式的奥肯定律,也不存在非线性形式的奥肯定律,预示着奥肯定律在我国已经完全失效。但是,在 1998 至 2009 年间,奥肯定律在我国出现了明显的非线性特征,表现为经济扩张和经济收缩对失业的影响具有截然不同的非对称效应,并且我国的产出与失业之间仍然存在着此消彼长的替代关系。

3. 国际油价引起的外部供给冲击将会影响奥肯定律在我国的具体表现形式,表现为奥肯定律在线性和非线性形式之间频繁转换。虽然外部冲击对我国失业的直接影响程度较小,但油价上涨引起的负的外部供给冲击将间接导致我国产出缺口与失业率之间的替代关系发生根本性逆转,使得两者之间呈现出正相关。也就是说,随着国际油价的大幅飙升,国内的高速经济增长将带动失业率上升,这也为解释目前我国存在的"高增长"与"高失业"现象提供了一种新的理论进路。

第五章
能源冲击对中国部门间劳动力市场需求结构的影响

第一节　问题的提出

自进入21世纪以来,国际能源价格已呈现出"爆炸性上涨—急剧下跌—快速拉升"的W型高位震荡态势。2003至2007年间,澳大利亚BJ煤炭现货价格一直围绕在每吨25美元至50美元的窄幅区间内波动,随后突然快速上涨,并在2008年7月达到190美元/吨的历史最高水平,这一价格是10年前国际煤炭平均价格的9—10倍左右[①]。而国际原油价格也从2003年初的30美元/桶开始直线飙升,至2008年7月已达到147美元/桶的历史高价[②]。直到2008年底,一场席卷全球的金融海啸爆发才暂时终结了国际能源价格的疯狂上涨态势。但仅经过一年短暂的调整之后,国际煤炭价格和原油价格又重开上涨通道,目前已基本稳定在100美元/吨和100美元/桶的价位附近。根据Heinberg和Fridley(2010)的分析,继"第三次全球性石油危机"之后,很快将迎

---

① 数据来源:英国石油公司(BP)官方网站,http://www.bp.com/。
② 数据来源:美国能源署(EIA)官方网站,http://www.eia.doe.gov/。

来新一轮的"全球性煤炭危机",再紧接而来的是"全球性天然气危机"。

而国际能源价格如此频繁的高位震荡势必会对世界各国宏观经济运行产生剧烈的负面效应,同时也会阻碍全球经济的真正复苏,这一观点已得到主流经济学的充分证明和普遍性共识(Mork,1989;Hamilton,1996;Blanchard、Galí,2007)。国际能源经济学的集大成者汉密尔顿教授在最近一篇名为《历史上的油价冲击》("Historical Oil Shocks")文章中总结性地陈述了二战以后的国际油价冲击对美国经济的影响(Hamilton,2011)。他认为,在过去的五六十年间美国经济共经历了12次经济衰退,其中有11次是紧随着能源价格的上涨而发生的。尤其是2007年年底美国发生了自"二战"以来最严重的一场经济衰退,其在相当程度上可归因于2007至2008年间国际原油价格的大幅飙升。而作为当时世界第二大经济体的日本同样也不例外。国际油价每上涨44.8%,日本民间消费支出平减指数上升1.35%,出口平减指数上升1.19%,GDP平减指数上升0.51%(小野充人,2008)。也就是说,当前能源价格的高位震荡与世界各大经济体毫无起色的宏观经济复苏是息息相关的(陈宇峰,2010)。

但实际上,当前高位震荡的能源价格对世界各国经济的影响并不仅仅体现在短期的宏观经济上,更为重要的还在于对诸如劳动力市场之类的微观市场影响与传导机制。已有的研究主要是从两条途径展开。一条主要关注产出效应(the Effect of Output)。能源作为一项基本的生产投入要素,其价格的上涨意味着生产成本的增加,进而导致总产出的下降,这必然会使得厂商减少对能源和劳动力的需求,从而对劳动力市场产生负向的冲击效果(Carruth、Hooker和Oswald,1998;Kooros、

Sussan 和 Semetesy,2006)①。另一条主要关注替代效应(Substitutional Effect)。而另一方面作为投入要素的劳动力在能源价格上升时,其相对价格会逐步下降,厂商会根据这一情况在生产成本约束范围内使用更多价格相对低廉的劳动力以替代价格较为昂贵的能源来进行生产,这一企业行为便会促进劳动力市场的繁荣和发展(Keane、Prasad,1996;Marchand,2011)。由于不同部门的能源依赖度和各类劳动力对能源替代弹性的不同,这就产生了能源冲击对不同部门中不同种类劳动力影响的传导效应差异,从而导致各部门劳动力需求结构的变动和各类劳动力实际收入情况的变化。

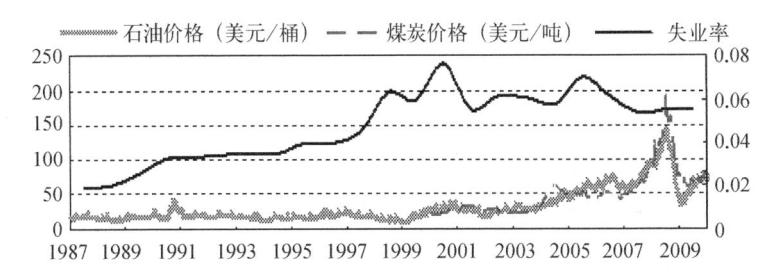

图 5-1 1987—2009 年国际能源价格与中国失业率的波动趋势

资料来源:石油价格采用美国西德克萨斯中质石油(WTI)周价格数据,煤炭价格采用澳大利亚 BJ 煤炭现货价格的周数据,失业率数据参照蔡昉(2004)的处理方法,相关数据来源于中国国家统计局(http://www.stats.gov.cn/)、美国能源信息署和英国石油公司(BP)的官方网站。

很显然,考虑到中国作为一个拥有大量劳动力资源禀赋的制造大国,国际能源价格的大幅上升必然会通过以上两种途径同时传递并深度影响国内劳动力市场。由图 5-1 不难发现,当国际能源价格维持较低位运行时(1998 年以前),国内的失业率也处在比较低的水平(低于

---

① 如果把能源作为一种消费品,那么这里所说的"产出效应"也可被认为是"收入效应"。

0.04),而当国际能源价格上涨并达到较高位状态时(1998年以后),国内失业率也开始迅速上升并维持在较高水平(高于0.05)。然而,当国际油价和煤炭价格处于飙升阶段时(2002至2008年间),国内失业率并未与之同时上涨,而是保持在较高的失业率水平上并上下震荡。应该说,上述现象与中国的经验事实还是比较吻合的——当能源价格上升一定程度后,能源价格的继续上涨并没有带来失业率的持续上升,反而转向寻求对廉价劳动力的要素替代,从而使得我们当前所期待的产业转型升级更多地限于形式化。尽管这只反映了能源冲击下中国劳动力市场变化的大致趋势,更为重要的还在于探求这些现象背后能源冲击对中国不同部门间劳动力市场需求的影响和传导机制。为此,本章将构建一个符合中国国情的 CGE 模型,从而来进一步分析能源价格冲击下部门间劳动力需求和各类劳动力收入的变化情况。

本章接下来的安排如下:第二节为文献综述;第三节为 CGE 模型的构建及相关的数据说明;第四节为情景模拟及分析,通过对能源冲击下中国劳动力市场内部变化情景的模拟,分别讨论能源冲击对中国宏观经济活动、部门劳动力需求结构和各类工人收入的影响;第五节则为本章的主要结论。

第二节 文献综述

早期的经济学家对能源冲击与劳动力市场变化的研究主要是侧重于国家层面上的分析。Keane 和 Prasad(1996)在研究 1965 至 1981 年间国际油价冲击对美国劳动力市场的影响时发现,一方面,国际石油价格的上升会带来总体实际工资的下降,但相对而言会提高技术工人的工资;另一方面,国际油价的上涨在长期内并不会降低美国劳动力的就业水平,这主要是因为长期中劳动力对能源的替代效应发挥了主导作用,使得劳动力供给曲线往右移动,尤其会体现在对能源有很强替代性的技术工人的就业水平上——国际石油价格的上升大大促进了技术工人的就业。而 Papapetrou(2001)则考察了希腊的油价、实际股价、利率、实际经济活动与就业水平之间的多元动态关系。他发现,油价上涨会对该国工业生产的劳动力就业产生一个即时的负向冲击,并且,劳动力市场就业的波动在很大程度上可以由石油价格冲击来解释。与之截然相反的是,Doğrul 和 Soytas(2010)在考虑国际油价冲击下的土耳其失业率变动情况时指出,国际油价上涨在短期内会降低失业率,但在长期这一影响会越来越弱。在最近一项针对国内的实证研究中,陈宇峰、俞剑和陈启清(2011)认为,国际油价上涨引起的负向外部供给冲击将会间接导致我国产出与失业之间的替代关系发生根本性逆转。也就是说,随着国际油价的大幅飙升,国内的高速经济增长并不会带来失业率的下降,反而会引致我国"高增长与高失业"现象的频频发生。

之后,另一些经济学家则侧重于从行业层面来考察能源价格变化对劳动力市场的冲击效应。Uri(1996)研究了1947至1995年间国际油价波动对美国农业部门劳动力市场的影响。他发现,国际油价的变动和农业部门的劳动力就业之间存在着明显的线性关系,而且国际油价变动对农业劳动力就业的影响持续至少3年以上。同时,伴随着原油价格的波动,农业预期净收入、技术水平和工人工资都出现了不同程度的变化。Davis 和 Haltiwanger(2001)则考察了1972和1988年两次石油危机对美国制造业劳动力市场的影响。他们指出,国际油价冲击会促进美国制造业的就业水平,并且其对就业上升的贡献度达到了

20%—25%,两倍于货币性冲击。但是,在短期内,面对油价冲击,除新型小型企业外的各类企业更倾向于减少劳动岗位的供应。而在同一时期 Berndt 和 Morrisson(2002)的研究也发现,能源冲击会对美国制造业的劳动力市场产生积极影响——能源价格的上升会增加蓝领工人的就业和收入,但相对会降低相关行业白领工人的就业和收入。

还有一些学者分析了某一特定地区或城市中的劳动力市场在面对国际能源价格波动时的反应情况。Kolk(1983)主要考察了能源冲击下加利福尼亚州圣贝纳迪诺市劳动力市场的变动情况。他认为,在能源价格攀升的过程中,由于收入效应大于能源对其他物品的替代效应,消费支出会从劳动密集型产品转移到能源密集型产品,从而导致低技术工人失业率上升2—3倍。而 Kooros、Sussan 和 Semetesy(2006)则进一步分析了1977至1996年间美国路易斯安那州在面对国际能源价格波动时劳动力市场的变化情况。他们认为,能源价格上升会导致生产成本的上涨,而这一代价主要是通过降低劳动力工资的支出来弥补,从而会创造出大量的失业。尤其是在短期,不可能实现所有劳动力的重新配置,失业率会急剧上升。在考虑到不同地区的资源禀赋也各不相同后,Marchand(2011)将加拿大西部地区划分为产能地区和非产能地区分别进行研究。结果发现,在能源价格的上涨阶段,能源冶炼部门就业岗位的增多将会在一定程度上带动当地非能源部门劳动力需求的上升,并且在该过程中,每10个能源冶炼部门工作岗位的增加,将会大约带来3个建筑业岗位、2个零售业岗位和4.5个的服务业岗位。

通过以上文献的梳理,我们不难发现以往关于能源冲击对劳动力市场的影响研究在方法论上主要依赖对历史数据的分析,而此类研究方法会存有以下两个方面的缺陷与不足:一方面,这类计量研究侧重于对数据期限内的经验分析,而在外推结果时会存在较大的偏差;而另一方面,也只能简单地考察总量数据在时间序列中的关联性,而忽略了对能源冲击下劳动力市场的内部传导机理研究。针对以上问题,本章将通过构建一个具有坚实微观理论基础的 CGE 模型以弥补此类不足,并在这一基础上分析能源冲击下中国劳动力市场内部需求结构的变动情况。

第三节 可计算一般均衡模型的构建及数据说明

一、CGE 模型的构建

CGE 模型最早于 1960 年由约翰森(Leif Johansen)教授提出,之后经常被用于相关的经济政策分析和外生冲击模拟。这主要得益于 CGE 模型相对于其他模型的三大优势:1. CGE 模型作为机理性模型相对于其他计量模型具有较强的微观经济理论基础;2. CGE 模型克服了线性规划模型中只能采用线性函数表示的缺陷和投入产出模型中忽略市场价格机制的弊端,从而使得其在引入各种经济主体时既能使用非线性函数来表示经济主体的行为,还可以用价格机制将供给、需求和贸易等有机地结合起来;3. CGE 模型具有"牵一发动全身"的特点,该模型所刻画的经济体循环中,任何节点上只要发生变化都将会通过其循环路径向整个经济系统传递。

(一) CGE 模型的结构

本章构建的 CGE 模型主要是以国际事务政策研究所(2002)开发

的标准 CGE 模型为基础,并结合中国的实际情况改编而成。主要由四个部分组成:生产活动和要素市场、商品市场和国际贸易、经济主体行为与最终需求、宏观均衡与闭合规则。图 5-2 便是本章所构建的对劳动力市场进行一般划分的中国可计算一般均衡模型的框架图。

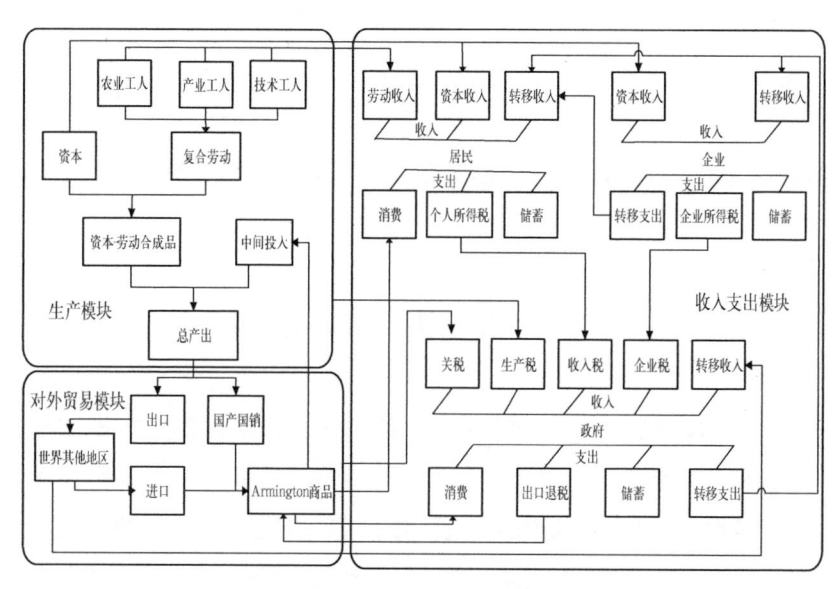

图 5-2 可计算一般均衡模型的框架图

1. 生产活动和要素市场

该部分主要描述的是生产过程中要素投入与产出间的关系,各部门都遵循成本最小化和利润最大化的原则进行生产。假设所有部门的生产都保持规模报酬不变的技术特性,本章利用三层嵌套的生产函数对生产活动和要素市场进行描述(如图 5-3):在顶层,部门总产出是总要素投入和总中间投入的 Leontief 函数;在第二层,总的要素投入由资本投入和总劳动投入以常替代弹性(CES)函数的形式呈现,而总中间投入由各商品中间投入的 Leontief 函数构成;在第三层,农业工人、产业工人和技术工人以 C-D 函数的形式构成总劳动投入,而根据 Armington 假设,各种用于中间投入的复合商品是国内产品和进口产品的 CES 函数。

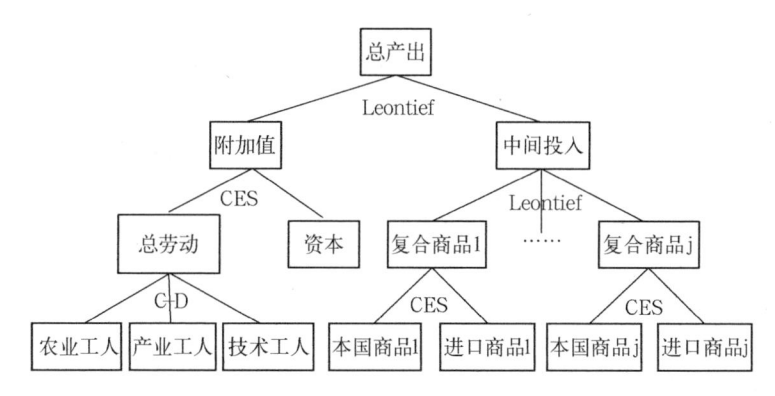

图 5-3 CGE 模型生产活动的结构

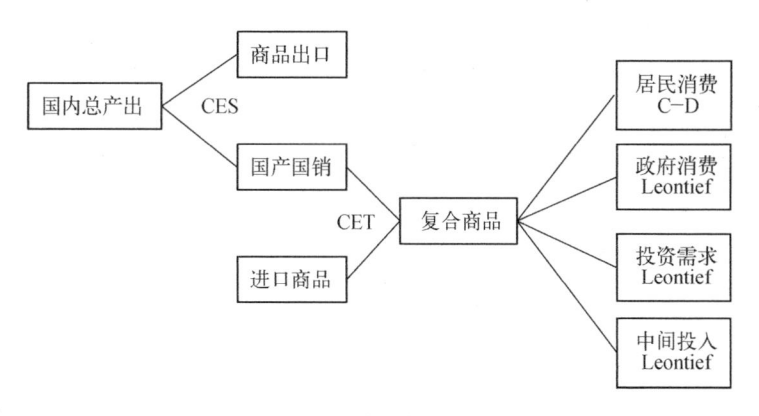

图 5-4 CGE 模型商品流动的结构

2. 商品市场和国际贸易

在贸易端,一方面国内生产的所有商品用于国内销售和向国外出口,而另一方面国内消费的复合商品来源于国内生产和从国外进口(如图 5-4)。对于国内总产出,假设国内生产的商品用于出口和在国内销售存在不完全转换弹性,因此,用常转换弹性(CET)函数描述。而对于国内总消费,根据 Armington 假设,国内自产品和进口商品具有不完全替代性,用 CES 函数表述构成复合商品。这些复合商品在各类居民消费、政府消费、投资需求和各部门的中间投入之间进行分配。

3. 经济主体的行为与最终需求

本章的经济主体主要包括农村居民、城镇居民、政府、企业和世界其他地区。农村居民向各生产部门提供农业工人,而城镇居民提供的劳动力类型主要是产业工人和技术工人。农村居民和城镇居民通过向各生产部门提供劳动和资本取得收入,并在该收入的约束下最大化其效用水平,这里采用 Cobb-Douglas 效用函数形式。对于政府,一方面,政府通过收税(如增值税、营业税、个人所得税和关税等)和国外转移支付获得收入;另一方面,又通过消费和对外转移支付进行支出,同时将其收入和支出的差额作为政府储蓄。企业的投资收益一部分用于向政府缴纳税收,另一部分也用于对外进行转移支付,其对象主要为居民和世界其他地区。该系统的第四个经济主体世界其他地区,其涵盖了除本国外的世界上其他国家和地区,其不仅与本国经济体存在商品的往来(进口和出口),而且还存在资金的往来(国外的转移支付及资本的流进和流出)。

4. 宏观均衡与闭合规则

CGE 模型的宏观均衡条件主要包括商品市场的均衡、要素市场的均衡、政府收支均衡、储蓄-投资均衡和国际收支均衡。而根据研究对象和研究问题的不同,针对这些均衡问题在模型的构建过程中会相应地设定一些宏观闭合规则,如新古典主义宏观闭合、凯恩斯宏观闭合和约翰森闭合等。本章根据所要研究的问题和我国的实际情况对该模型进行了设定:对于政府收支,采用税率外生,而政府储蓄内生的闭合原则;对于国际收支账户,采用汇率外生,外贸盈余内生的闭合原则;对于投资,采用新古典宏观闭合,即总储蓄等于总投资的原则。

(二) CGE 模型的数据描述

CGE 模型其实就是用一组方程来描述宏观经济中各经济主体间的市场关系,体现这些市场关系的变量不仅包括商品和要素的数量,还包括所有商品和要素的价格,都被引入到方程组中,并在一系列的行为约束条件下达到最优化(如生产者既定成本下的利润最大化、消费者既定收入下的效用最大化、企业既定产品下出口和内销最佳比例)的均衡解,这些均衡解便将使所有市场达到稳定状态。而这些方程便是对抽象的一般均衡理论中供给、需求和均衡最直观的描述。鉴于前文对 CGE 模型的结构划分,该模型的数学表达式也可以划分为以下几个模块:

1. 生产和贸易模块

该模块主要四类方程:国内生产和投入使用、国内生产的分配(国内消费、国内市场和出口)、国内市场总供给(进口和国产国销商品的复合),以及分配过程中交易投入的定义。此模块的方程如下:

$$QLD_i = A_i \cdot L1_i^{\alpha} \cdot L2_i^{\beta} \cdot L3_i^{\gamma}, \alpha + \beta + \gamma = 1 \quad (5-1)$$

$$WL \cdot QLD_i = WL1 \cdot L1_i + WL2 \cdot L2_i + WL3 \cdot L3_i \quad (5-2)$$

方程(5-1)和(5-2)表示生产活动最底层的劳动(QLD)总投入量和投入价值。A 是各类劳动力合成过程中的效率参数,α、β 和 γ 分别是此 C-D 函数的各类劳动力的份额参数,$L1$、$L2$ 和 $L3$ 分别是各部门的劳动力投入量。WL 为全部劳动力的合成价格,$WL1$、$WL2$ 和 $WL3$ 分别为农业工人、产业工人和技术工人平均工资。

$$QVA_i = A_i^{va} [\delta_i^{va} QLD_i^{\rho_i^{va}} + (1 - \delta_i^{va}) QKD_i^{\rho_i^{va}}]^{\frac{1}{\rho_i^{va}}} \quad (5-3)$$

$$PVA_i \cdot QVA_i = WK \cdot QKD_i + WL \cdot QLD_i \quad (5-4)$$

方程(5-3)中,A 是生产活动的效率参数,δ 是附加值(QVA) CES 函数的份额参数,QKD 是各部门的资本需求,ρ 是附加值 CES 函数的指数,该方程表示各部门生产活动的附加值量总和是各生产要素投入量的 CES 函数。方程(5-4)中,WK 是资本的平均价格,该方程揭示了附加值价值量即为各要素投入价值量的总和。

$$QINT_{ji} = ica_{ji} \cdot QINTA_i \quad (5-5)$$

方程(5-5)中,$QINT$ 表示生产活动 i 中商品 j 的中间投入量,$QINTA$ 表示部门中间投入量总值。对于各种活动,其各种中间商品的需求量等于总中间投入乘以一个固定的中间投入系数(ica)。

$$QVA_i = iva_i \cdot QA_i \quad (5-6)$$

$$QINTA_i = inta_i \cdot QA_i \quad (5-7)$$

方程(5-6)和(5-7)表示每一种生产活动(QA)中,总附加投入量和总中间投入量。其中 iva 和 $inta$ 分别表示各部门单位生产活动所需要的总附加投入量和总中间投入量。

$$QA_i = \sum_j sax_{ij} \cdot QX_j \quad (5-8)$$

方程(5-8)中,QX 表示国内生产的各种商品的总量。假定各个部门只能生产与本部门生产活动相关的唯一商品,因此可以建立一个从活动到商品的固定比例关系 sax,该方程就表示了 i 部门的生产活动所生产的 j 商品的数量。

$$QX_j = A_j^e [\delta_j^e QD_j^{\rho_j^e} + (1 - \delta_j^e) QE_j^{\rho_j^e}]^{\frac{1}{\rho_j^e}} (QE_j > 0) \quad (5-9)$$

$$PX_j \cdot QX_j = PD_j \cdot QD_j + PE_j \cdot QE_j \qquad (5-10)$$

方程(5-9)和(5-10)描述了国内总产出的商品在国内市场销售和出口间的最优化分配,但这只适用于国内产出存在向外出口的情况。方程(5-9)为 CET 函数,方程中的 A、δ、ρ 分别是总产出 CET 函数中的转换参数、份额参数和指数,其中指数 ρ 是与商品用于内销和出口的替代弹性相关,QD 和 QE 分别为商品用于内销和出口的数量。方程(5-10)是价值量方程,表示由于内销和出口的商品价值总量应该等于所有生产出来的商品的价值总量,其中 PX 为国内生产的商品价格,PD 为销售在国内的商品价格,PE 为商品用于出口价格本币价格。

$$QX_j = QD_j(QE_j = 0) \qquad (5-11)$$

当国内生产的产品全部用于内销而不出口,方程(5-11)就取代了方程(5-9)。

$$QQ_j = A_j^q [\delta_j^q QD_j^{\rho_j^q} + (1-\delta_j^q) QM_j^{\rho_j^q}]^{\frac{1}{\rho_j^q}} (QM_j > 0) \qquad (5-12)$$

$$PQ_j \cdot QQ_j = PD_j \cdot QD_j + PM_j \cdot QM_j \qquad (5-13)$$

方程(5-12)和(5-13)描述了国内消费的商品来源于国内生产和进口的最优化分配,这只适用于存在进口的情况下。方程(5-12)为 Armington 方程,将国产国销商品(QD)和进口商品(QM)通过 CES 函数复合起来构成国内总消费的复合商品(QQ)。其中,A、δ、ρ 分别是总消费 CES 函数中的转换参数、份额参数和指数。方程(5-13)是商品消费的价值量方程,表示国内消费的复合商品价值总量等于国产国销商品的价值量加上进口商品的价值总量,PX 为复合商品价格,PM 是进口商品的本币价格。

$$QQ_j = QD_j(QM_j = 0) \qquad (5-14)$$

当国内消费的所有商品全部来自于国内生产,那么,方程(5-14)将取代方程(5-12)。

2. 价格模块

由于在 CGE 模型的构建中,假设了不同产地和消费地的同类商品具有不完全替代性,当市场达到均衡时,基于企业的利润最大化行为和消费者的效用最大化,各种商品的市场价格根据边际成本原则来决定,而该商品的供给价格将由各相互替代的商品总价格决定。该模块包括的方程如下:

$$\frac{WK}{WL} = \frac{\delta_i^{va}}{1-\delta_i^{va}}\left(\frac{QLD_i}{QKD_i}\right)^{1-\rho_i^{va}} \qquad (5-16)$$

方程(5-16)表示的是资本品的价格水平与工资水平的比值等于两种投入品的技术替代率,这就保证了既定成本下的利润最大化。

$$PINTA_i = \sum_j ica_{ji} \cdot PQ_j \qquad (5-17)$$

方程(5-17)定义了生产活动中各部门总中间投入的价格($PINTA$),它依赖于复合商品的价格和中间投入系数。

$$PA_i \cdot QA_i = (1+tbus_i)(PVA_i \cdot QVA_i + PINTA_i \cdot QINTA_i) \qquad (5-18)$$

方程(5-18)表示生产活动的收入和投入成本。对于任何部门生产活动的收入,都用于支付营业税和附加值与中间投入的成本。根据方程(5-4)得到的 PVA 和方程(5-17)定义的 $PINTA$ 便可以得到各部门生产活动的价格水平(PA),即单位生产活动的总收入。其中,$tbus$ 表示各部门营业税的税率。

$$PX_j = \sum_i sax_{ij} \cdot PA_i \qquad (5-19)$$

方程(5-19)中,PX 代表国内生产的各种商品的价格,表示单位活动 i 所生产的商品 j 的生产者价格,它依赖于各部门生产活动的价格水平和模型校准过程中所得到的固定比例系数。

$$\frac{PD_j}{PE_j} = \frac{\delta_j^e}{1-\delta_j^e} \left(\frac{QE_j}{QD_j} \right)^{1-\rho_j^e} (QE_j > 0) \qquad (5-20)$$

$$PX_j = PD_j (QE_j = 0) \qquad (5-21)$$

方程(5-20)反映了国产国销商品和用于出口商品间的价格关系,这一方程也限定了商品流向的利润最大化行为。方程定义了国产国销商品价格和出口商品价格的最优比率,该方程确保了国产国销商品价格-出口商品价格比率的上升将导致出口商品-国产国销商品比率的上升。但是,该方程只有当商品部门存在出口时才成立,当国内生产的商品只用于国内销售时,方程(5-21)便取代方程(5-20)。

$$PE_j = pwe_j (1 - te_j) EXR \qquad (5-22)$$

方程(5-22)定义了用本币表示的出口商品价格,它是用于出口的商品的本币价格,考虑了汇率(EXR)、出口税率(te)和出口商品的离岸价格(pwe,用外币表示),出口税率前的负号表示对国内生产者的出口补贴,它会降低出口价格,而不像进口关税那样太高进口商品的国内消费价格。

$$\frac{PD_j}{PM_j} = \frac{\delta_j^q}{1-\delta_j^q} \left(\frac{QM_j}{QD_j} \right)^{1-\rho_j^q} (QM_j > 0) \qquad (5-23)$$

$$PQ_j = PD_j (QM_j = 0) \qquad (5-24)$$

方程(5-23)与方程(5-20)类似,也是一种最优化行为,指出了在既定商品消费下将复合商品消费总额分配在国产国销商品和进口商品间的最优比例。它定义了国产国销商品价格和进口商品价格的最后比率,从而也确保了当国产国销商品价格-进口商品价格比率的上升会带来进口商品-国产国销商品需求比率的上升。当国内消费的商品全部来自国产国销商品时,方程(5-24)便取代方程(5-23)。

$$PM_j = pwm_j(1 + tm_j)EXR \tag{5-25}$$

方程(5-25)为本币表示的进口商品价格(PM),它是国内消费者对进口商品的支付价格,考虑了汇率、进口关税率(tm)和商品的进口到岸价格(pwm,用外币表示)。

3. 经济主体模块

该模块中机构主要包括政府、居民、企业以及世界其他地区四个经济主体。其所涵盖的方程也主要用来描述各经济主体的收入和支出,以及相互间的转移支付等。此模块的方程如下:

$$YH_h = hl_h \cdot WL \cdot QLS + hk_h \cdot WK \cdot QKS + TRANHE_h + TRANHG_h + TRANHR_h \cdot EXR \tag{5-26}$$

方程(5-26)描述了各类居民的总收入(YH)它是居民的劳动收入、资本收入和转移收入的总和。式中,hl代表全社会劳动总收入分配给各类居民的份额比例,hk代表全社会资本总收入中分配给各类居民的份额比例,QLS是全社会的总劳动投入,QKS表示全社会的总资本投入,$TRANHE$、$TRANHG$和$TRANHR$分别代表企业、政府和世界其他地区(ROW)对居民的转移支付。

$$PQ_j \cdot QH_{jh} = rh_{jh} \cdot mpc_h \cdot (1 - tih_h) \cdot YH_h \tag{5-27}$$

方程(5-27)为居民对各类商品的消费额。其中,QH是居民对各类商品的消费量,rh代表居民各类商品的消费份额比例,mpc表示居民边际消费倾向,tih为居民的收入所得税的税率。居民对各类商品的消费是遵循 C-D 函数下的效用最大化原则。

$$YENT = entk \cdot WK \cdot QKS + TRANEG \quad (5-28)$$

$$ENTSAV = (1 - tient) \cdot YENT - \sum_h TRANHE \quad (5-29)$$

方程(5-28)表示企业的总收入($YENT$),ent 代表全社会总资本收入中企业资本收入所占的份额比例,$TRANEG$ 是政府对企业的转移支付。该方程指出,企业总收入等于企业的资本收入加上政府对企业的转移支付。方程(5-29)定义了企业的储蓄($ENTSAV$),它等于企业的可税后收入减去企业对外的转移支付。式中,$tient$ 代表政府对企业征收的所得税。

$$YG = \sum_i tbus_i \cdot (PINTA_i \cdot QINTA_i + PVA_i \cdot QVA_i) + \sum_h tih_h \cdot YH_h +$$
$$tient \cdot YENT + \sum_j (tm_j \cdot pwm_j \cdot QM_j + te_j \cdot pwe_j \cdot QE_j) \cdot EXR$$
$$+ GINV + TRANGR \cdot EXR \quad (5-30)$$

$$EG = \sum_j PQ_j \cdot QG_j + \sum_h TRANHG_h + TRANEG \quad (5-31)$$

$$GSAV = YG - EG \quad (5-32)$$

方程(5-30)描述了政府总收入(YG),它各项税收(营业税、所得税和关税)、政府投资收入和国外对政府转移支付之和。其中,$GINV$ 代表政府的投资收入。方程(5-31)代表政府总支出(EG),它等于企业对各类商品的消费(QG)加上其对居民和企业的转移支付。而方程(5-32)表示政府储蓄($GSAV$),它等于政府收入减去政府支出。

$$TSAV = \sum_h ((1 - mpc_h) \cdot (1 - tih_h) \cdot YH_h) + ENTSAV + GSAV +$$
$$FSAV \cdot EXR \quad (5-33)$$

方程(5-33)表示全社会总储蓄($TSAV$),它等于居民储蓄、企业储蓄、政府储蓄和国外储蓄($FSAV$)之和。

$$EINV = \sum_j PQ_j \cdot (QINV_j + VSTK_j) + GINV \qquad (5-34)$$

方程(5-34)表示全社会的总投资需求($EINV$),其中,$QINV$代表各部门商品的投资需求,$VSTK$代表各部门的存货投资需求。所以,商品的总投资需求等于各商品的固定投资和存货投资之和加上政府投资支出。

4. 系统约束模块

该模块是为了保证整个宏观经济体达到均衡水平,因此,它要求要素市场、商品市场、当前账户和投资-储蓄全部达到均衡状态。因此,本模块涵盖的方程如下:

$$QLS = \sum_i QLD_i \qquad (5-35)$$

$$QKS = \sum_i QKD_i \qquad (5-36)$$

方程(5-35)和(5-36)表示要素市场要达到均衡,即各种要素(劳动力和资本)的总供给要等于该要素的总需求。本章假定,劳动要素市场的总供给是固定的,并且每年以5%的速度增长,这将在后边的基准情景设定中提到。

$$QQ_j = \sum_i QINT_{ji} + \sum_h QH_{jh} + QG_j + QINV_j + VSTK_j \qquad (5-37)$$

方程(5-37)描述了复合商品的市场出清。该方程表示,复合商品的总供给(方程5-12和5-14)等于总需求。也就是说,来自国产国销和进口的复合商品总供给量等于用于居民消费、政府消费、中间投入、固定投资和存货投资的总消费量。

$$\sum_j pwm_j \cdot QM_j + TRANRG = \sum_j pwe_j \cdot QE_j + \sum_h TRANHR_h + FSAV$$
(5-38)

方程(5-38)是当前账户平衡的约束条件。本章假定贸易赤字(FSAV,也可理解为国外储蓄)是变化的,而汇率固定,这也是一种当前账户闭合的规则。该方程指出,进口商品价值量与政府对国外转移支付的总和应等于出口总额、国外对居民转移支付和贸易赤字之和。

$$EINV = TSAV \qquad (5-39)$$

方程(5-39)表示的是总投资-总储蓄的均衡。当经济达到均衡状态时,必然暗示着总投资等于总储蓄。

$$GDP = \sum_j \Big(\sum_h QH_{jh} + QINV_j + VSTK_j + QG_j + QE_j - QM_j \Big)$$
(5-40)

方程(5-40)为用支出法算得的国民生产总值(GDP),它等于全社会居民消费、固定资产投资和存货投资、政府消费和出口总额之和再减去总进口。

二、SAM 及相关参数说明

CGE 模型可以分为两大部分,一部分是方程,是对不同变量之间关系的描述;另一部分是数据,即社会核算矩阵(SAM),它是对基期经济系统状态的描述。本章将在一部分将对 SAM 和模型中相关的参数进行说明,但由于 SAM 的编制及相关参数的设置并不是本章的核心内容,所以在此只做粗略介绍。

(一) 2007年SAM的编制及平衡

SAM作为CGE模型的数据基础,是在国民经济核算框架内对投入产出(IO)表的扩展。它是一种描述经济系统运行的、矩阵式的、以单式记账形式反映复式记账内容的经济核算表,其主要包括八个基本账户:活动、商品、要素、企业、居民、政府、储蓄-投资和世界其他地区。编制SAM有两种不同的方法,一种是"自上而下法",另一种是"自下而上法"。本章采用"自上而下法",即先编制宏观SAM,然后以编制好的宏观SAM作为微观SAM子矩阵的控制数据进行微观SAM的编排。根据数据的可获得性和研究的需求,本章利用2007年IO表,并采集相关的数据,构建出一个2007年中国20部门社会核算矩阵。由于在编制SAM的过程中,数据源出处较为宽泛,因此,很有可能会导致最终编制出的SAM不平衡,即SAM所对应的行和与列和并不相等。本章针对这种情况则采用交叉熵(Cross-Entropy,CE)的方法进行平衡,获得平衡后的2007年SAM(见表5-1)。原始表中涉及IO表和资金流量表的数据来源于《中国统计年鉴》(2010),此外,SAM中的其他数据主要来源于《中国统计年鉴》(2008)、《中国财政年鉴》(2008)和《中国劳动统计年鉴》(2008)等。

本章根据所要研究的内容和相关数据的可获得性,对宏观SAM的各个账户进行了如下的划分。1.活动:划分为20个部门,分别为农林牧渔业,能源业,非能源采矿业,制造业,电力、燃气及水的生产和供应,建筑业,交通运输、仓储和邮政业,信息传输、计算机服务和软件业,批发和零售业,住宿和餐饮业,金融业,房地产业,租赁和商务服务业,科学研究、技术服务和地质勘查业,水利、环境和公共设施管理业,居民服务和其他服务业,教育,卫生、社会保障和社会福利业,文化、体育和娱乐业,公共管理和社会组织。2.商品:部门划分与活动相同,分为20类商品部门。3.劳动:分为农业工人、产业工人和技术工人三个账户,并假设农业工人来自于农村且只在农林牧渔业部门从事工作,而产业工人和技术工人来自于城镇,并且产业工人只在第二产业和第三产业就业。4.居民:分为农村居民和城镇居民两类。

表 5-1 中国 2007 年 SAM 平衡表

	活动	商品	劳动	资本	居民	企业	政府	储蓄-投资	国外	总计
活动		818570								818570
商品	552357				97759		35428	111886	95578	893008
劳动	110044									110044
资本	117476									117476
居民			110044	8929		29643	5429		2912	156957
企业				106873						106873
政府	38693	1242			3184	8872		16666	-13	68644
储蓄-投资					56014	68358	27672		-22725	129319
国外		73196		1674			115	767		75752
总计	818570	893008	110044	117476	156957	106873	68644	129319	75752	

(二) CGE 模型相关参数的说明

按照参数估计方法的不同,CGE 模型的参数可分为标定参数和外生参数。前者主要通过利用社会核算矩阵中的数据进行校准获取(使用基准数据保持模型的均衡来计算模型参数的一种方法),比如技术进步率、税率和储蓄率等。而后者需要通过对历年的数据分析研究来进行估计,主要包括 CES 生产函数中的替代弹性(资本和劳动的替代弹性)与贸易函数中的替代弹性(CET 弹性和 Armington 弹性)。在本章中,CES 生产函数的弹性取值参考谢杰和姚愉芳(2010)的研究,而 CET 弹性和 Armington 弹性主要采用 Zhai 等(2007)提供的数据,见表 5-2。

表 5-2 CET 弹性和 Armington 弹性数值

部门	农业	采掘	制造	水电气	建筑业	交通运输	商业饮食	金融保险	其他服务
CET	3.4	4.6	4.6	4.6	3.8	2.8	2.8	2.8	2.8
Armington	2.0	3.7	3.8	4.4	1.9	1.9	1.9	1.9	1.9

第四节 情景模拟与进一步讨论

一、能源冲击对中国宏观经济活动指标的影响

为了分析能源冲击对中国总体宏观经济运行的影响,本章在该部分主要模拟了能源价格上涨情景下(共设置三组能源价格上涨情景:情景 I,能源价格上涨 10%;情景 II,能源价格上涨 30%;情景 III,能源价格上涨 50%)的中国实际国民生产总值、物价水平、收入水平和总体就业水平的变化情况,具体模拟结果见表 5-3。

表 5-3 能源冲击下中国各宏观经济活动指标的变化（单位：%）

	情景 I	情景 II	情景 III
实际 GDP	-0.53	-1.39	-1.95
GDP 平减指数	0.90	2.49	3.88
CPI 指数	0.86	2.39	3.71
农村居民收入	-0.10	-0.08	0.17
城镇居民收入	-0.48	-1.05	-1.20
总就业	-0.44	-0.98	-1.05

通过观察表 5-3 不难发现，能源价格的上涨将会激起经济的滞胀——实际 GDP 下滑，而 GDP 平减指数却出现上升，这一点已被国内相关领域的学者所发现（林伯强和牟敦国，2008；原鹏飞和吴吉林，2011）。究其原因，主要是能源价格上涨不仅带来了成本型通货膨胀使得全社会的价格水平上升，而且还加重了企业的生产成本负担从而导致企业产出的下降和实际 GDP 的下滑。在居民生活方面，能源价格的上涨降低了居民生活水平：一方面，消费价格指数与 GDP 平减指数的变化基本相同——一直在不断上升；另一方面，居民的收入水平却在不同程度地下降。并且，农村居民收入水平的下降幅度要低于城镇居民，这在一定程度上缓解了我国城镇居民的收入差距。同时，由表 5-3 还可发现，当能源价格上涨 50% 的时候，农村居民的收入出现了正向变化，由于农村居民的收入主要来源于劳动力收入，所以可以将该正向变化归因于农业工人收入水平的上升，这将在本章之后的分析中得到进一步证实。能源价格上涨导致生产成本上升引起了经济衰退，从而降低了总体就业水平，但其对总就业水平的冲击幅度越来越小。这主要是因为随着国内能源价格的攀升，劳动力对能源的替代效应逐渐增大，

从而在一定程度上缓解了能源价格上涨对劳动力市场的冲击。

二、能源冲击与各部门内部劳动力需求的变化

能源冲击对一国总体宏观经济运行的影响并不是一蹴而就的,而是通过作用于各经济部门的微观变量进而反映到总体数据上。本章在这一部分将对能源冲击下各部门内部劳动力需求的变化情况进行深入分析,以期观察能源冲击对中国劳动力市场影响的传导路径。具体结果见表5-4、表5-5和表5-6。

表5-4 情景Ⅰ下各部门价格、产出水平及劳动力需求的变化(单位:%)

部门	价格	产出	劳动总数	产业(农业)工人	技术工人
农林牧渔业	0.40	-0.10	-0.10	-0.11	0.54
能源业	10.00	-12.66	-12.62	-12.72	-12.06
非能源类采矿业	0.82	0.03	0.08	-0.04	0.62
制造业	1.03	0.23	0.32	0.19	0.85
电力、燃气及水的生产和供应	2.22	-1.39	-1.16	-1.38	-0.72
建筑业	1.02	-0.01	0.11	-0.06	0.60
交通运输、仓储和邮政业	1.80	-0.16	-0.13	-0.25	0.41
信息传输、计算机服务和软件业	0.39	-0.46	-0.36	-0.68	-0.02
批发和零售业	0.59	-0.34	-0.18	-0.66	0
住宿和餐饮业	0.67	-0.66	-0.64	-0.74	-0.08

续表

部门	价格	产出	劳动总数	产业(农业)工人	技术工人
金融业	0.24	−0.59	−0.50	−0.83	−0.17
房地产业	0.26	−0.41	−0.34	−0.53	0.12
租赁和商务服务业	0.86	−0.03	0.01	−0.14	0.52
科学研究、技术服务和地质勘查业	0.56	−0.68	−0.61	−1.01	−0.35
水利、环境和公共设施管理业	0.65	−0.40	−0.38	−0.51	0.15
居民服务和其他服务业	0.69	−0.89	−0.86	−0.97	−0.31
教育	0.30	−0.26	−0.22	−0.79	−0.13
卫生、社会保障和社会福利业	0.64	−0.50	−0.44	−0.95	−0.30
文化、体育和娱乐业	0.57	−0.38	−0.32	−0.67	−0.02
公共管理和社会组织	0.56	−0.01	0	−0.08	0.57

注:农业工人主要是指存在于农林牧渔业中的非技术工人,而产业工人则是指存在其余19个部门中的非技术工人,下同。

通过表5-4可发现,能源价格的上涨在不同程度上拉升了各部门的产出价格水平。当能源价格上升10%,受冲击最大的当属第二产业,除非能源类采矿业外,其余部门价格上升幅度都超过1%;第三产业次之,其中受冲击最为严重的为交通运输、仓储和邮政业,该部门的价格上升幅度达到1.8%,这也是第三产业中能源依赖度最强的部门;第一产业受到的冲击最弱,能源价格10%的上升只带来该部门价格水平0.4%的变化。能源价格的上升不仅会带来各部门价格水平的变化,还会影响到各部门的产出水平。以能源类部门为例,该部门产出受能源冲击的影响最大(产出下降12.66%),这主要是因为能源投入在能源类部门中的中间投入占比极大,能源价格的上升导致了该部门生产成本的大幅上升,从而抑制了能源部门的产出水平。

表 5-5 情景 II 下各部门价格、产出水平及劳动力需求的变化(单位:%)

部门	价格	产出	劳动总数	产业(农业)工人	技术工人
农林牧渔业	1.12	0.01	0.01	-0.01	1.46
能源业	30.00	-33.57	-33.50	-33.66	-32.18
非能源类采矿业	2.28	0.40	0.51	0.26	1.72
制造业	2.89	0.98	1.18	0.90	2.37
电力、燃气及水的生产和供应	6.13	-3.41	-2.91	-3.40	-1.92
建筑业	2.85	-0.03	0.25	-0.13	1.34
交通运输、仓储和邮政业	4.99	-0.11	-0.04	-0.31	1.15
信息传输、计算机服务和软件业	1.10	-1.05	-0.83	-1.53	-0.06
批发和零售业	1.68	-0.66	-0.30	-1.37	0.10
住宿和餐饮业	1.88	-1.57	-1.51	-1.73	-0.26
金融业	0.71	-1.32	-1.12	-1.85	-0.38
房地产业	0.73	-0.93	-0.79	-1.21	0.26
租赁和商务服务业	2.41	0.26	0.33	0	1.47
科学研究、技术服务和地质勘查业	1.63	-1.65	-1.49	-2.37	-0.90
水利、环境和公共设施管理业	1.82	-0.96	-0.91	-1.21	0.26
居民服务和其他服务业	1.93	-2.17	-2.11	-2.35	-0.88
教育	0.97	-0.67	-0.57	-1.83	-0.36

续表

部门	价格	产出	劳动总数	产业（农业）工人	技术工人
卫生、社会保障和社会福利业	1.86	-1.26	-1.13	-2.28	-0.81
文化、体育和娱乐业	1.64	-0.88	-0.73	-1.52	-0.05
公共管理和社会组织	1.57	-0.01	0	-0.19	1.28

然而，能源冲击对各部门产出的影响并不全是抑制作用，一些部门的产出伴随着能源价格上涨增加了，如非能源类采矿业和制造业。中国制造业作为一个劳动密集型产业，其对劳动力的依赖程度要远大于对能源的依赖程度，当能源价格上涨时，劳动力价格的相对下降会在一定程度上降低该部门生产的实际成本，从而在一定程度上促进产出的增加，而非能源类采矿业作为主要为制造业提供原材料的上游部门，其产出的增加可归因于制造业的发展。伴随产出的变化，各部门对劳动力的需求也发生相应改变。除了非能源类采矿业和制造业由于产出的增加对劳动力的需求上升外，建筑业及租赁和商务服务业受能源负向冲击的影响较小，其对劳动力的需求也出现了正的增长。这四个部门中，除制造业外，其他三个部门对劳动力需求的上升，都是由对技术工人的需求上升所拉动，制造业对产业工人和技术工人的需求都有所上升。其余部门由于产出受能源价格上升的冲击，对劳动力的需求都产生了不同程度的下降。但另一些部门，例如农林牧渔业，交通运输、仓储和邮政业，房地产业，水利、环境和公共设施管理业，对技术工人的需求却呈现上升趋势。由此可发现，当能源价格上涨10%时，能源冲击对非能源类采矿业、制造业、建筑业以及租赁和商务服务业劳动力市场的传递过程中的替代效应要大于产出效应，从而带来了这些部门劳动力需求的上升。另外，从能源价格上涨提升了相关部门对技术工人的需

求方面来看,技术工人对能源要素的替代性最强。

　　为寻求更高能源价格下各部门内部劳动力需求结构的变化趋势,本章将能源价格提升30%以观察其对各部门劳动力市场的冲击效应,具体结果见表5-5。通过观察可发现,受能源冲击价格水平变化幅度最大的仍为能源业,电力、燃气及水的生产和供应及交通运输、仓储和邮政业,这主要是因为此三类部门的能源依赖程度较高,能源价格的上升加大了其生产成本,从而提高了部门价格水平。当能源价格上升30%,农林牧渔业及租赁和商务服务业的部门产出转为负。一方面是因为这两个部门的能源依赖程度较低,受能源冲击影响较小;另一方面这两个部门所生产的商品作为中间投入在制造业中的占比会比较高,制造业的发展拉升了该类部门产出的增加。在劳动力需求方面,农林牧渔业及租赁和商务服务业随着产出的增长,其对劳动力也出现了正向需求,但它们所提供的劳动岗位主要是面向技术工人。建筑业作为受冲击较小的一个部门,随着能源价格的上升其产出持续下降,但其对劳动力的需求却出现了上升(由表5-4的0.11%上升至表5-5的0.25%)。进一步的分析发现,该部门对产业工人的需求数量仍在减少,对技术工人的需求却出现上升,劳动力结构正在悄然发生变化。随着能源价格的上升,各部门对产业工人需求的变化趋势并不明朗,非能源类采矿业对产业工人的需求由原来的下降转变为上升,一些部门对产业工人的负向需求正在减小,例如农林牧渔业,租赁和商务服务业,而其余部门对产业工人的负向需求却在不同程度地扩大。但各部门对技术工人的需求却出现了明显的倾向性变化——随着能源价格上涨幅度由10%上涨至30%,原本对技术工人有负向需求的部门,这种负向需求也随之加大;而原本对技术工人有正向需求的部门,随着能源价格的上涨其对技术工人的正向需求也会随之放大。

表5-6 情景Ⅲ下各部门价格、产出水平及劳动力需求的变化(单位:%)

部门	价格	产出	劳动总数	产业(农业)工人	技术工人
农林牧渔业	1.75	0.47	0.47	0.44	2.15
能源业	50.00	-49.07	-49.00	-49.16	-47.45
非能源类采矿业	3.53	1.11	1.24	0.93	2.65
制造业	4.48	2.05	2.29	1.95	3.66
电力、燃气及水的生产和供应	9.38	-4.57	-3.99	-4.56	-2.85
建筑业	4.43	0.02	0.30	-0.14	1.57
交通运输、仓储和邮政业	7.64	0.33	0.41	0.09	1.81
信息传输、计算机服务和软件业	1.74	-1.26	-1.00	-1.82	-0.11
批发和零售业	2.62	-0.57	-0.14	-1.40	0.32
住宿和餐饮业	2.93	-2.00	-1.93	-2.18	-0.47
金融业	1.16	-1.55	-1.31	-2.16	-0.45
房地产业	1.15	-1.12	-0.95	-1.45	0.26
租赁和商务服务业	3.75	0.90	0.99	0.60	2.32
科学研究、技术服务和地质勘查业	2.60	-2.17	-1.98	-3.01	-1.29
水利、环境和公共设施管理业	2.84	-1.25	-1.18	-1.54	0.18
居民服务和其他服务业	3.00	-2.88	-2.81	-3.08	-1.37
教育	1.72	-0.94	-0.83	-2.30	-0.58
卫生、社会保障和社会福利业	2.99	-1.77	-1.61	-2.94	-1.23
文化、体育和娱乐业	2.61	-1.06	-0.88	-1.81	-0.09
公共管理和社会组织	2.47	-0.01	0	-0.22	1.49

为了能更明确地观察能源冲击下中国各部门及部门内部劳动力需求的变化，本章对情景Ⅲ（能源价格上涨50%）的情况进行了模拟，结果见表5-6。从价格水平来看，受能源冲击影响最小的部门分别为：农林牧渔业，信息传输、计算机服务和软件业，金融业，房地产业以及教育，这些部门价格的上升幅度均小于2%。而对于产出，在能源价格的高度冲击下，建筑业及交通运输、仓储和邮政业的产出出现了正向变化。究其原因，建筑业同农林牧渔业与制造业一样属于劳动力密集型产业，随着能源价格的升高，其劳动力的相对成本优势越加明显。当能源价格上升一定程度，劳动力价格相对下降的优势取代了能源成本上升的劣势，从而促使该部门产出的增加；交通运输、仓储和邮政业作为一个能源依赖度较高的部门，能源价格的上升势必会给该部门带来冲击。但是，一个部门的产出并不仅仅由其成本决定，还受到其他部门需求的影响，如制造业的发展致使该部门对交通运输、仓储和邮政业的需求上升，从而引致后者产出的增加。这一结论可在租赁和商务服务业中也得到了充分体现。从劳动力总数的变化方面看，第一产业以及与制造业相关的产业劳动力就业都出现了不同程度的上升，这些部门劳动力市场受能源冲击的替代效应影响要大于产出效应；而第三产业中的大部分部门会因为部门的萎缩导致其对劳动力的需求出现了相应的下滑，这些部门劳动力市场中的能源冲击产出效应占据主导地位。通过对不同种类的劳动力需求分析不难发现，各部门产业（农业）工人的上升幅度均低于部门劳动力总数的上升幅度，而其下降幅度均超过部门劳动力总数的下降幅度；而各部门对技术工人需求的上升幅度均高于部门总劳动力需求的上升幅度。由此可见，能源价格上升会使一些部门对劳动力的需求下降，但这些部门缩减的劳动岗位主要是针对产业工人，而另外一些部门受能源冲击之后，其对劳动力的需求不降反升,并且这些部门提供的劳动力岗位主要面对技术工人,这一结论与早期一些学者的研究(Keane、Prasad,1996)是不谋而合的。

通过对表5-4至表5-6的综合分析可以发现,能源价格的上升对各部门价格水平都有一定的提升作用,其中受影响最大的应属与能源行业高度相关的第二产业,对第三产业的影响次之,受冲击最小的是第一产业。各部门由于能源价格上升所带来的生产成本上升抑制了部门产出,但制造业作为一个劳动力密集型部门,能源价格的上升降低了相对工资水平,这为制造业的发展提供了契机,从而促进了该部门产出的增加。与此类似的是,当能源价格上升一定程度,另一些能源依赖程度较低的劳动密集型部门的产出也出现了正的增长,例如农林牧渔业和建筑业。还有一些对制造业有高度依赖性的部门也会随着制造业的发展而出现不同程度的增长,例如非能源类采矿业,租赁和商务服务业等。这些部门产出的增加主要得益于其劳动力市场的发展,随着能源价格的上涨,相关部门的劳动力市场受能源冲击替代效应的影响逐渐超过产出效应,从而促进了这些部门劳动力需求的增加,这在一定程度上带动了部门产出的上升。并且,这些部门主要集中在第一、二产业和第三产业中的交通运输、仓储和邮政业及租赁和商务服务业。这些部门内部对技术工人需求的增长要大于对产业工人的需求。另外一些部门虽然总劳动力需求在下降,但其对技术工人的需求也出现了不同程度的上升态势,例如批发和零售业、房地产业、水利、环境和公共设施管理业,公共管理和社会组织。由此可见,随着能源价格的上涨,制造业等部门中的劳动力对能源的替代效应逐渐显现并占据主导地位,从而促进此类部门劳动力需求的增长,并且这种替代效应尤其体现在对能源有较强替代性的技术工人之上。

三、能源冲击对中国各类劳动力收入的影响

能源价格上涨不仅会对各部门内部的劳动力市场需求造成冲击，而且也会对各类劳动力收入的分配状况产生影响。表5-7给出了三组情景下的能源冲击对中国各类劳动力收入的影响。

表5-7　能源冲击下各类劳动力收入的变化(单位:%)

	情景Ⅰ	情景Ⅱ	情景Ⅲ
农业工人收入	-0.11	-0.01	0.44
产业工人收入	-0.59	-1.29	-1.45
技术工人收入	-0.66	-1.47	-1.72

通过对表5-7的观察可发现，能源价格上涨会带来各类工人收入的下降。但是，随着能源价格的上涨，各类工人的收入下降幅度越来越小，尤其是农业工人。当能源价格上涨50%的时候，农业工人收入出现增加，这主要是因为在能源价格上升一定程度后，劳动力对能源的替代效应超过了能源冲击的产出效应并占据主导地位，从而促进了农业工人就业的增加，提升了农业工人的收入，这也印证了本章之前关于能源价格上涨50%农村居民收入由负转正主要原因的分析(表5-3)。结合表5-4至表5-7来看，虽然一些部门对产业工人和技术工人的需求存在上升的倾向，但其在劳动力收入方面并未改变其下降的趋势。并且，即使技术工人对能源有较强的替代性，能源价格的上涨带来了技术工人相对于产业工人需求更大幅度的上升，但在能源冲击下的技术工人工资水平下降幅度更大，这就造成了技术工人收入的下降幅度要超过产业工人收入的下降幅度。

第五节 本章小结

能源价格的上涨主要通过两条途径对劳动力市场产生影响：产出效应和替代效应。然而，对于不同部门、不同种类的劳动力，这两种效应的大小也各不相同，从而带来劳动力市场内部的结构性变化。因此，本章通过构建一个中国的 CGE 模型并以 2007 年 SAM 作为数据基础分别模拟了能源价格上涨 10%、30%和 50%三组情景下的中国劳动力市场内部各部门劳动力需求以及各类劳动力收入的变动情况。

通过本章 CGE 模型的实证分析，可得出以下几个主要结论。

1. 能源价格冲击对我国的劳动力市场产生一定的负向冲击，但是这种负向冲击随着能源价格的不断上升而逐渐削弱。这主要是因为随着能源价格的上升，劳动力的相对价格逐步下降，劳动力对能源的替代效应不断增大，在一定程度上缓解了能源价格冲击对劳动力市场的负面冲击，从而弱化能源价格变化对国内劳动力市场的冲击影响。

2. 通过对能源价格的上涨对各部门内部劳动力需求变化的模拟分析可发现，制造业、农林牧渔业等能源依赖程度较低的劳动力密集型产业会随着能源价格的上涨，其劳动力相对成本优势会逐渐显现，从而扩大了产出水平，促进了部门内部劳动力的就业水平，这一点与 Davis 和 Haltiwanger(2001)的研究结论极为相似。其他一些部门受能源冲击影响，其对劳动力的需求也出现了相应变化，第一产业和与制造业关系密切的行业倾向于提供更多的劳动岗位，而其余大部分部门却在不断缩减劳动岗位，并且这些增加的劳动岗位更倾向于对能源有较强替代性的技术工人，而其缩减的岗位主要面向产业工人。

3. 能源价格上升对各类劳动力总体收入的影响也各不相同。当能源价格上升一定幅度,农业工人的收入将会上升;而伴随着能源价格的上涨,产业工人和技术工人的收入都出现不同程度的下降,但下降的速度越来越慢;虽然各部门增加的劳动岗位更倾向于面向技术工人,但由于技术工人的工资下降幅度较大,使得技术工人收入的下降程度超过了产业工人。

第六章
国际油价波动对中国汽车消费需求的非线性冲击效应

第一节 问题的提出

汽车工业不仅是国民经济的重要组成部分,而且还关乎一个国家或地区的机械、电子、冶金、交通运输与市政建设等相关产业发展,同时也是连接整体产业结构转型升级的关键枢纽。2008年,全球性石油危机和金融危机成为自20世纪二三十年代以来最大规模的世界经济危机。世界各国政府如临大敌,纷纷出台各式宏观激励政策和产业政策以求应对。而在这些产业政策中,汽车工业的调整和振兴规划是重中之重,以汽车产业的持续稳定发展缓解国内生产过程和消费环节的日益脱节之困。因此,面对当前复杂的国内外经济形势,如何准确理解国际油价冲击对中国国内汽车工业生产和消费的影响和传导机制并提出相应的危机应对策略,已成为当前亟需解决的一个热点问题。

在传统的经济学理论中,石油与汽车属于一组典型的互补性产品:当国际油价上涨时,国内汽车消费量会随之下降;反之,当国际油价下跌时,汽车消费量则会随之上升。而现实的情况并非如此:从2007年第一季度到 2008 年第二季度,国际石油期货和现货市场的价格一路飙升,由 58 美元每桶上升至 138 美元每桶,然而国内的汽车需求量非但没有下降,而有缓慢增长之势。2007 年第一季度,国内汽车总销售量为 221.3 万辆,到了 2008 年第二季度销售量达到了 277.4 万辆,同比增长 15.71%。而在 2008 年第二季度后,国际油价因陷入全球性的金融危机大幅下跌,但国内汽车消费需求呈现出先下跌后转向快速增长的发展态势。2008 年第三季度,国内汽车总销售量为 216.6 万辆,而到了 2009 年第一季度国内汽车销量马上回升到了 267.9 万辆。上述这一事实是否意味着,传统经济学理论中的国际油价变动与汽车消费需求量之间的对称互补性就已经消失了呢?如果这些对称效应已消失,那么国际油价对汽车产业消费需求的冲击效应将会以何种形式存在呢?同时,又该如何解释这些外生冲击形式的转换呢?能否确定一个合理的调节响应空间呢?

  正是基于以上事实,本章构建了一个基于 Logistic 型平滑转换门限自回归模型(Logistic Smooth Transition Autoregressive Model,LSTAR),系统考察国际油价波动对国内汽车消费需求的内在冲击结构,揭示了两者之间的动态关联性,并从油价波动的冲击模拟中提出合理的国际油价波动空间及应对之策。第二节是文献综述;第三节是模型设定和检验方法;第四节是实证结果;第五节是本章的主要结论。

第二节 文献综述

  从已有研究来看,国际油价冲击效应的研究主要可分为三个阶段:第一阶段,侧重于研究油价冲击对国民经济的对称性机制。Hamilton(1983)利用包括 GNP、通货膨胀率、失业率等六个变量的 VAR 模型研究发现,1948 至 1980 年间油价波动与美国实际 GNP 之间存在显著的负相关,油价上涨便是经济衰退和通货膨胀的罪魁祸首。第二阶段,则研究油价冲击对国民经济的非对称机制,即油价上升对经济的影响程度要大于油价下降对经济的影响程度。Mork(1989)在 Hamilton(1983)的基础上把样本扩展到 1988 年第二季度,研究也表明油价上涨和美国实际 GNP 下跌间存在显著的负相关性。同时,还发现了存在着非对称效应:油价下跌与美国的 GNP 增长并无明显相关性。Lee、Ni 和 Ratti(1995)利用 GARCH 模型估算石油价格变动的条件波动率,也发现油价变化大小和经济冲击程度之间并不存在一一对应关系,从而进一步验证了油价冲击的非对称效应。Hamilton(1996)在这些研究基础上采用净石油价格上升(NOPI)来考察国际油价的非线性冲击效应。相对于 Mork 序列,NOPI 序列对国民经济的非线性冲击更为显著。第三阶段,油价冲击对国民经济的非对称与非线性机制。Hamilton(2003)研究证实了这样一个非线性回归模型:$y_t = \mu(x_t) + \delta' z_t + \varepsilon_t$(其中,$y_t$ 是因变量,x_t 和 z_t 分别是 k 维和 p 维的解释变量向量,ε_t 是误差项)。通过改变这一方程参数,就可以得到不同的冲击形式。这也就是说,要描述国际油价的冲击效应就必须使用更为灵活的非线性函数。

很显然,国内外学者主要探讨油价波动对宏观经济的冲击效应,并未深入探究诸如产业结构等更为细分化的研究工作。Lee 和 Ni(2002)研究表明,那些能源强度偏高的工业需求与供给都很容易受到国际油价波动的冲击,而一些行业则在供应方面会受制于汽油和工业化学品的短缺影响,在需求方面汽车行业则会受由国际油价冲击所产生的市场需求疲软掣肘。更为深入的实证研究则表明,由于对汽车行业的长期油价冲击影响,降低了消费者对各式车型的需求,且转向其他可替代的交通工具。因此,美国汽车制造商因其不均匀的各车型比例比其他外国竞争者更易受到国际油价的冲击(Cameron、Schnusenberg,2009)。林伯强和牟敦国(2008)则考察了能源价格对中国产业结构的影响,石油价格上涨对国内经济的确存在紧缩作用,但对不同产业的紧缩程度是不一致的:油价上涨会导致实际产出的下降,下降程度随着上涨幅度加大而不断增大;而且能源强度越高的产业,其受能源价格上涨的紧缩程度也就越大。

综上所述,探究国际油价波动对中国转型期各个战略性产业的冲击影响及传导路径,并提出相应应对策略,不仅能在理论上弥补主流能源经济学的国别研究空缺,而且也有助于相关政府部门和企业更直观地理解国际油价的冲击效应,并提出各种更切实际的应对之策,因而具有很强的实践意义。结合上述讨论,本章则主要围绕以下几个问题展开。1.国际油价冲击与国内汽车需求变量变化间关系是何关系?线性?非线性?抑或其他类型? 2.国际油价波动对国内汽车消费需求的冲击影响究竟该如何表述?是否存在阶段性特征及其形成原因呢? 3.是否可根据以上的研究结论模拟出不同油价波动情境下的国内汽车消费需求变动情况,并据此提出对策。

第三节 模型设定与检验方法

自 Hamilton(2003)开创性地提出国际油价波动与宏观经济变量之

间的非对称冲击模型以来,越来越多的宏观经济学家意识到国际油价对各国经济所造成的悬殊差异可表现在非线性参数模型的选择上。随着各国政府政策调控能力和手段的不断增强,再加上各个发达国家已基本完成了产业结构的稳定转型发达国家的抗油价能力持续增强,而油价波动对各国宏观经济的影响也会随之弱化(Blandchard、Gali,2007)。这也表明,国际油价波动对发达国家的非线性冲击效应更为显著,更为复杂。但正如 Hamilton(2003)所指出的那样,由于缺乏必要的历史数据支持,这一非线性冲击效应并没有统一的函数表达式。所幸的是,尽管现有研究没有提供油价波动对具体产业的冲击效应函数式,但已为本章这一研究问题提供了新的分析思路。

基于 Hamilton(2003)关于油价波动和产出间非线性模型的启发,本章首先构建一个基于 STAR 模型来考察国际油价波动对国内汽车消费需求的非线性冲击形式:

$$DLnCARD_t = (\varphi_{(1,0)} + \varphi_{(1,1)}DLnOILP_t + \cdots + \varphi_{(1,k-1)}DLnOILP_{t-k+1} + \varphi_{(1,1)}DLnCARD_{t-1} + \cdots + \varphi_{(1,m)}y_{t-m}) + (\varphi_{(2,0)} + \varphi_{(2,1)}DLnOILP_t + \cdots + \varphi_{(2,k-1)}DLnOILP_{t-k+1} + \varphi_{(2,1)}DLnCARD_{t-1} + \cdots + \varphi_{(2,m)}y_{t-m})G(s_t,\gamma,c) + u_t$$

(6-1)

其中,$DLnCARD_t$ 表示 t 期汽车消费需求量的对数一阶差分量;$DLnOILP_t$ 表示 t 期 WTI 国际原油现货价格的对数一阶差分量;$G(s_t,\gamma,c)$ 表示用来协调经济过程在两种机制[$G(s_t,\gamma,c)=0$ 或 $G(s_t,\gamma,c)=1$]之间转换的函数,s_t 是转移变量,参数 γ 决定了函数值变化的平滑程度,参数 c 为两个机制转换的门限值;$\varphi_{(1,i)}$ 和 $\varphi_{(2,i)}$ 表示为变量系数($i=0,1,\cdots p$),$p=k+m$;$u_t \sim N(0,\sigma^2)$。

根据开关函数 $G(s_t,\gamma,c)$ 的不同形式,STAR 模型又分为两大类:LSTAR 模型和 ESTAR 模型(Granger、Teräsvirta,1993)。

LSTAR 模型的开关函数为:

$$G(s_t,\gamma,c) = \left\{1 + \exp\left[-\gamma \prod_{i=1}^{n}(s_t - c_i)\right]\right\}^{-1}, c_1 < c_2 < \cdots c_n, \gamma > 0 \quad (6-2)$$

其中,参数 c_i 是两个机制转换的门限值,$G(s_t,\gamma,c_i)$ 的值随着转移变量 s_t 值的递增从 0 单调递增至 1,并有 $G(s_t,\gamma,c) = 0.5$;参数 γ 决定了 Logistic 函数值变化的平滑程度,即从一种机制向另一种机制转变的平滑程度。如果 γ 非常大,那么两种机制之间的转换几乎是瞬间实现的。

而 ESTAR 模型的开关函数为:

$$G(s_t,\gamma,c) = 1 - \exp[-\gamma(s_t - c)^2], \gamma > 0 \quad (6-3)$$

其中,开关函数关于 $s_t = c$ 是对称的,并且 s_t 无论趋近于负无穷或者正无穷都有 $G(s_t,\gamma,c) = 1$;如果转换速度参数 $\gamma \to 0$ 或 $\gamma \to \infty$ 时,那么 $G(s_t,\gamma,c)$ 都将退化为常数(0 或 1),从而使得 ESTAR 模型退化为线性模型。

在实证研究中,LSTAR 模型对从一种机制转换至另一种机制时,呈现出规律性平滑转移过程的时间序列是具有较强的解释能力。因而,比较适合于分析经济过程中的非对称机制调整情况;反之,ESTAR 模型则更适于描述具有对称机制转换的经济过程。

第四节 实证结果

一、数据来源及样本说明

在本章的实证研究中,我们主要通过选取 WTI 国际原油现货价格月度数据简单平均来获得季度数据,记为 *OILP* 序列;而全国汽车制造业的月产量简单加总得到季度数据,再乘以汽车季度销售率获得汽车季度销售量,由此计算出国内汽车消费需求量,记为 *CARD* 序列,样本时间则为 1997 年第一季度至 2008 年第四季度,共 48 组季度数据。此外,为了消除可能产生异方差的影响,对季度 WTI 国际油价和汽车市场销售量均取对数处理,分别记为 *LnOILP* 和 *LnCARD* 序列。在图 6-1 和图 6-2 中,分别给出了这两组水平变量序列及一阶差分后序列 *DLnOILP* 和 *DLnCARD* 的趋势图。以上所有数据均来自于中经网统计数据库(http://db.cei.gov.cn/)。

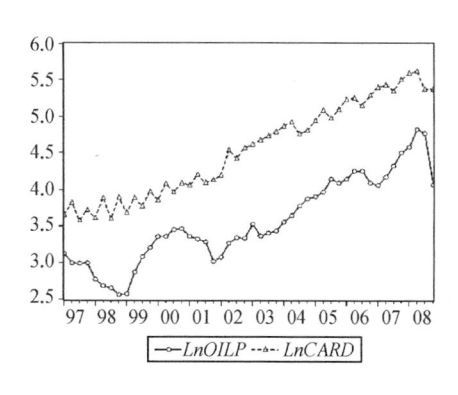

图 6-1 水平变量趋势图

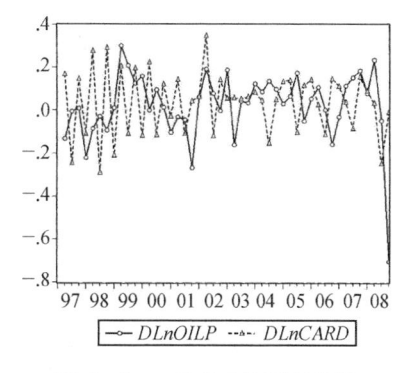

图 6-2 一阶差分变量趋势图

二、模型的估计

(一) 单位根检验

为了客观地探求国际油价与汽车消费需求量之间的相互关系,就要先确认时间序列的平稳性。我们采用扩展的 Dickey-Fuller 检验及 Phillips-Person 检验法,来检验 *LnOILP* 和 *LnCARD* 序列的平稳性。由图 6-1 和图 6-2 的趋势图不难发现,水平变量 *LnOILP* 和 *LnCARD* 的取值并没有表现出平稳性,但其一阶差分序列则表现出一定的平稳性特征。这一基本直观判断可以通过下面的 ADF 检验统计量值及 PP 检验统计量值获得更为直观的确认,具体结果见表 6-1 所示。

由表 6-1 可知,根据 ADF 检验,变量 *DLnCARD* 在 10% 的显著性水平下是平稳的,变量 *DLnOILP* 在 1% 的显著性水平下是平稳的;而根据 PP 检验,变量 *DLnCARD* 和 *DLnOILP* 在 1% 的显著性水平下都是平稳的。

(二) Granger 因果关系检验

在经济变量中有一些变量是显著相关的,但未必就是有意义的。因此,还需要进行另一个判断一个变量变化是否由于另一个变量变化原因的检验,即 Granger 因果关系检验。由于 *DLnOILP* 和 *DLnCARD* 序列均为一阶非平稳序列,即 I(1) 序列,而 Granger 因果关系检验对变量的平稳性非常敏感,所以,在这里采用一阶差分序列 *DLnOILP* 和 *DLnCARD* 进行检验。具体结果如表 6-2 所示。

表 6-1　单位根检验结果

变量	统计量	临界值	DW	AIC	SC	检验形式(c,t,k)
ADF 检验						
LnCARD	-1.872887	-3.189732	1.831611	-1.851547	-1.56484	(c,t,4)
DLnCARD	-2.848271	-2.603944	1.806669	-1.838823	-1.634032	(c,0,3)
LnOILP	-3.317015	-3.185512	1.622012	-0.964849	-0.805837	(c,t,1)
DLnOILP	-3.401147	-2.616203***	1.470863	-0.849446	-0.809692	(0,0,0)
PP 检验						
变量	统计量	临界值	DW	AIC	SC	检验形式(c,t,k)
LnCARD	-4.999458	-4.165756***	2.134451	-1.332821	-1.214727	(c,t,0)
DLnCARD	-14.74583	-4.170583***	1.709345	-1.368388	-1.249129	(c,t,0)
LnOILP	-3.029913	-3.184230	1.171262	-0.867547	-0.749452	(c,t,0)
DLnOILP	-3.401147	-2.616203***	1.470863	-0.849446	-0.809692	(0,0,0)

注：(1) ** 和 *** 分别代表5%和1%的显著性水平；(2) c 代表截距项；t 代表趋势项；k 代表滞后阶数。

表 6-2　Granger 因果关系检验结果

原假设	滞后阶数	观测值	F 统计量	P 值
DLnOILP 不是 DLnCARD 的 Granger 原因	1	46	0.28329	0.59729
DLnCARD 不是 DLnOILP 的 Granger 原因			4.73863	0.03503
DLnOILP 不是 DLnCARD 的 Granger 原因	2	45	0.60140	0.55292
DLnCARD 不是 DLnOILP 的 Granger 原因			3.94488	0.02731
DLnOILP 不是 DLnCARD 的 Granger 原因	3	44	0.10517	0.95654
DLnCARD 不是 DLnOILP 的 Granger 原因			2.58726	0.06760

续表

原假设	滞后阶数	观测值	F统计量	P值
$DLnOILP$ 不是 $DLnCARD$ 的 Granger 原因	4	43	0.52664	0.71685
$DLnCARD$ 不是 $DLnOILP$ 的 Granger 原因			2.16757	0.09371

从表 6-2 可看出,在滞后一、二阶的情况下,在 5% 显著性水平下拒绝"$DLnCARD$ 不是 $DLnOILP$ 的 Granger 原因"的原假设,并接受"$DLnOILP$ 不是 $DLnCARD$ 的 Granger 原因"的原假设;而在滞后三、四阶情况下在 10% 的显著性水平下拒绝"$DLnCARD$ 不是 $DLnOILP$ 的 Granger 原因"的原假设,并接受"$DLnOILP$ 不是 $DLnCARD$ 的 Granger 原因"的原假设。由此,我们可得到:在滞后一至四阶情况下,都存在着从汽车消费需求量到国际油价的单向 Granger 因果关系。

(三) LSTAR 模型的估计及分析

根据 STAR 模型的估算过程,首先确定模型的自回归(AR)部分,我们取响应变量 $DLnCARD$ 的一至四阶滞后项,解释变量 $DLnOILP$ 的零至一阶滞后项,共有八种组合,在满足序列无关的前提下,以 AIC 信息准则和 SC 信息准则为标准,选取滞后阶数,各组合回归结果如表 6-3 所示:

表 6-3 $DLnCARD$ 对各滞后组合的回归结果

组合变量	(1,0)	(1,1)	(2,0)	(2,1)	(3,0)	(3,1)	(4,0)	(4,1)
c	0.0551 (0.0020)	0.0602 (0.0012)	0.0587 (0.0049)	0.0635 (0.0025)	0.1016 (0.0000)	0.1023 (0.0000)	0.0600 (0.0194)	0.0576 (0.0234)
$DLnCARD$ (-1)	-0.7135 (0.0000)	-0.7201 (0.0000)	-0.6904 (0.0001)	-0.6599 (0.0002)	-0.6908 (0.0000)	-0.6772 (0.0000)	-0.4702 (0.0041)	-0.4402 (0.0068)

续表

组合变量	(1,0)	(1,1)	(2,0)	(2,1)	(3,0)	(3,1)	(4,0)	(4,1)
$DLnCARD(-2)$			-0.0069 (0.9663)	0.0401 (0.8063)	-0.3970 (0.0226)	-0.3520 (0.0498)	-0.3069 (0.0692)	-0.2359 (0.1744)
$DLnCARD(-3)$					-0.5597 (0.0002)	-0.5308 (0.0005)	-0.2802 (0.0907)	-0.2235 (0.1833)
$DLnCARD(-4)$							0.4386 (0.0056)	0.4640 (0.0035)
$DLnOILP$	0.2616 (0.0176)	0.2948 (0.0102)	0.2509 (0.0299)	0.2839 (0.0150)	0.2336 (0.0196)	0.2538 (0.0138)	0.2283 (0.0157)	0.2578 (0.0079)
$DLnOILP(-1)$		-0.1580 (0.2631)		-0.2197 (0.1290)		-0.1225 (0.3376)		-0.1577 (0.1807)
AIC	-1.5145	-1.5012	-1.5088	-1.5227	-1.8033	-1.7824	-1.9589	-1.9629
SC	-1.3952	-1.3421	-1.3482	-1.3219	-1.6006	-1.5391	-1.7132	-1.6762
DW	1.7743	1.7975	1.9103	2.0032	1.4297	1.4870	1.7374	1.8492

注:(1) 在本表中,凡包含两个数值的单元格,上方数字为变量系数估计值,下方为 p 值;(2) 在滞后组合中,一维元素表示 $DLnCARD$ 的滞后阶数,二维元素表示 $DLnOILP$ 的滞后阶数。

从表 6-3 可看出,在 $DLnCARD$ 滞后四阶,$DLnOILP$ 滞后一阶时,不仅 DW 统计量比较理想,各变量系数显著,而且 AIC 和 SC 准则也均达到了最小值。因此,取该组合回归计算其 SSR,再检验其线性假设。在确定 AR 项以后,就要进行转换变量的选择和线性假设的检验。如果在拒绝线性假设的条件下,再以 $H04$、$H03$、$H02$ 的顺序进行检验,以确定转换函数的类型。具体检验结果如表 6-4 所示。

由表 6-4 可看出,以 $DLnOILP$、$DLnOILP(-1)$、$DLnCARD(-1)$、

$DLnCARD(-2)$、$DLnCARD(-3)$ 和 $DLnCARD(-4)$ 为转换变量，均得到拒绝线性关系的原假设，且当 $DLnOILP$ 作为转换变量时，$F1$、$F2$、$F3$ 相伴概率明显小于其他值，$F2$ 的相伴概率的值小于 $F3$ 对应值。因此，取 $DLnOILP$ 为转换变量，并确定转换函数类型为 LSTR2 型，而非 ESTR 型的非线性模型。即转换函数形式为：

$$G(s_t,\gamma,c) = 1/\{1 - \exp[-\gamma(s_t + c_1)(s_t + c_2)]\} \quad (6-4)$$

其中，c_1、c_2 的取值范围都为 [−0.70471, 0.300671]，γ 取值范围为 [0,435]，分别从最小值到最大值等间距取 30 个值，构造出 900 对组合。接下去，我们使用 SAS 编程，并通过把 STARTITER 和预选网格搜索结合使用这一办法来获得初值，再利用这一初值进行 Newton-Raphson 迭代和最大化条件似然函数，从而可得到模型参数的估计值[①]。剔除各个不显著变量，再对模型进行优化，即可得到最终的模型形式。具体的估计结果如表 6-5 所示。

表 6-4 线性假设检验及转换函数形式选择结果

转换变量 \ p-值	F-值	F3	F2	F1	模型或转换函数类型
$DLnCARD(-1)$	0.000325	0.0048	0.0035	0.0003	LSTAR1
$DLnCARD(-2)$	0.000085	0.0555	0.0759	0.059	LSTAR2
$DLnCARD(-3)$	0.000141	0.0932	0.0858	0.0706	LSTAR2
$DLnCARD(-4)$	0.010179	0.0173	0.0054	0.0033	LSTAR2
$DLnOILP$	0.000453	0.0038	0.002	0.0005	LSTAR2
$DLnOILP(-1)$	0.002168	0.1446	0.074	0.0646	LSTAR2

注：$F4$、$F3$、$F2$ 分别是 $H04$、$H03$、$H02$ 的检验线性假设统计量；表中数值为各统计量的相伴概率。

---

① 若需 SAS 程序及其数据，可向作者索要。

根据表 6-5,我们得到 LSTAR 模型的具体表达式为：

$$DLnCARD = 0.03 + 0.4035 DLnOILP - 0.0419 DLnOILP(-1) - 0.17 DLnCARD(-1) - 0.7522 DLnCARD(-2) - 0.5251 DLnCARD(-3) + 0.5621 DLnCARD(-4) + G(\gamma, c_1, c_2, DLnOILP)[0.0392 + 0.1628 DLnOILP - 0.3311 DLnOILP(-1) - 0.7474 DLnCARD(-1) + 0.4981 DLnCARD(-2) + 0.5659 DLnCARD(-3) + 0.0172 DLnCARD(-4)] \quad (6-5)$$

其中，$G(\gamma, c_1, c_2, DLnOILP) = 1/\{1+\exp[-318.7172(DLnOILP-0.0542)(DLnOILP-0.4012)]\}$。

由此，该模型的诊断统计量 $ARCH-LM = 0.488191$。为了进一步验证 LSTAR 模型的优异性，我们则继续对比不同模型的拟合效果。具体的拟合结果如表 6-6 所示。

表 6-5 LSTAR 模型估计结果

	变量	初值	估计值	标准差	t-统计量	p-值
线性部分	CONST	0.02177	0.0300	0.0669	0.45	0.6567
	DLnOILP	0.3841	0.4035	0.3205	1.26	0.2192
	DLnOILP(-1)	0.0134	-0.0419	0.2250	-0.19	0.8536
	DLnCARD(-1)	-0.0852	-0.1700	0.3658	-0.46	0.6460
	DLnCARD(-2)	-0.7327	-0.7522	0.2792	-2.69	0.0122
	DLnCARD(-3)	-0.5288	-0.5251	0.2264	-2.32	0.0285
	DLnCARD(-4)	0.5997	0.5621	0.2297	2.45	0.0214
非线性部分	CONST	0.0486	0.0392	0.0811	0.48	0.6324
	DLnOILP	0.1750	0.1628	0.3441	0.47	0.6402

续表

变量	初值	估计值	标准差	t-统计量	p-值
$DLnOILP(-1)$	−0.3772	−0.3311	0.2948	−1.12	0.2715
$DLnCARD(-1)$	−0.8153	−0.7474	0.4663	−1.60	0.1211
$DLnCARD(-2)$	0.4863	0.4981	0.4010	1.24	0.2252
$DLnCARD(-3)$	0.5486	0.5659	0.3705	1.53	0.1388
$DLnCARD(-4)$	−0.0323	0.0172	0.3293	0.05	0.9587
γ	150	318.7172	11908.5	0.03	0.9789
c_1	−0.0600	−0.0542	0.0209	−2.59	0.0156
c_2	−0.7000	−0.4012	12.9245	−0.03	0.9755
AIC			−2.1439		
SC			−1.4476		
DW			1.9603		
R^2			0.8399		
$\overline{R^2}$			0.7414		
SSR			0.1338		

由表6-6对各个模型拟合结果可看出，LSTAR模型不仅有最大的R^2和$\overline{R^2}$，而且对应的SSR、AIC以及SC均达到最小值。这就是说，LSTAR模型较其他线性模型更加能够有效地反映国际油价波动与国内汽车市场需求量之间的内在结构关系。

图6-3描述了随$DLnOILP$变化的转换函数值曲线，从中可以看出，在1997至2008年间国际油价冲击对国内汽车消费需求的影响呈现出明显的非线性特征，并且从线性到非线性是频繁转换的。而图6-4则主要描述了$DLnCARD$的模型拟合效果。从图6-4可以看出，2001至2005年间该模型的模拟效果并不理想，这主要是因为这一时期为我

国加入世贸组织后汽车业的过渡期,国内外产业环境非常复杂的特殊阶段。中国取消汽车进口数量限制,以第一年发放的进口配额量为基础,汽车贸易量的进口基数是 60 亿美元,年增长 15%,直至 2005 年才取消配额。汽车进口关税每年下调 10%,从 2002 年 1 月 1 日第一次降低汽车关税开始,历经六次降税,至 2006 年 7 月 1 日起整车进口关税平均降至 25%、零部件进口关税平均降至 10% 止,降税承诺全部履行完毕。①

表 6-6 不同模型拟合结果

模型 变量	AR	ARMAX	LSTAR
CONST	0.062711 (0.0251)	0.060145 (0.0205)	
DLnOILP		0.268402 (0.0061)	
DLnOILP(-1)		-0.16251 (0.1705)	
DLnCARD(-1)	-0.36043 (0.026)	-0.48258 (0.0037)	
DLnCARD(-2)	-0.26321 (0.1468)	-0.26514 (0.1391)	
DLnCARD(-3)	-0.32436 (0.0722)	-0.22568 (0.1890)	

---

① 数据来源:中国经济信息网,《中国汽车行业分析报告(2001 年)》;国务院发展研究中心信息网,《加入 WTO 后中国汽车产业政策变化历程》。

续表

模型 变量	AR	ARMAX	LSTAR
$DLnCARD(-4)$	0.41535 (0.0138)	0.46011 (0.0039)	
R^2	0.637132	0.709709	0.8399
$\overline{R^2}$	0.598967	0.661553	0.7414
SSR	0.317297	0.253835	0.1338
AIC	-1.838681	-1.968812	-2.1439
SC	-1.63389	-1.682105	-1.4476

注:LSTAR 部分的变量估计值和 p-值在表 6-5 中已给出,本表中的数据同上。

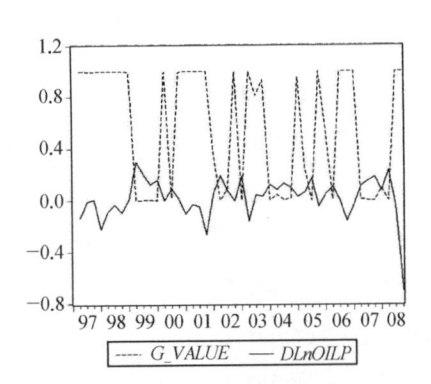

图 6-3 转换函数曲线图

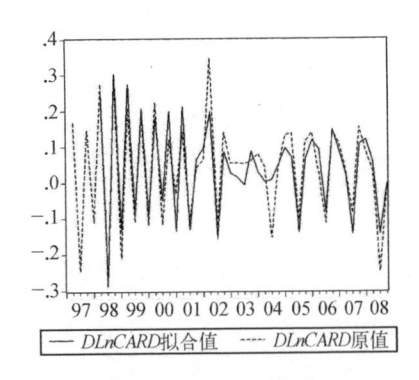

图 6-4 拟合效果图

三、实证结果

从表 6-5 的估计结果,可得到 LSTAR 模型的线性部分表达式为:

$DLnCARD = 0.03 + 0.404 DLnOILP - 0.042 DLnOILP(-1) - $

$$0.17DLnCARD(-1) - 0.752DLnCARD(-2) -$$
$$0.525DLnCARD(-3) + 0.562DLnCARD(-4) \quad (6-6)$$

在线性部分中,$DLnOILP$ 对汽车消费需求量变化的影响为正且显著,而前一期(上个季度)$DLnOILP(-1)$ 的影响为负但不显著,同期的 $DLnOILP$ 和 $DLnCARD$ 两者同向变化且两者关系显著,当期 $DLnCARD$ 与前 1 期 $DLnOILP(-1)$ 反向变化。由此可见,前一期的国际油价上涨将抑制本期国内汽车消费需求量。

前面四期(前四个季度)的汽车消费需求对现期的汽车消费需求影响是由正转负的,前四期 $DLnCARD(-4)$ 的影响为正且显著,但近期的负作用是翻倍增强的,前一至三个季度的作用是负且非常显著。因此,前四期的影响累加为负,且非常显著。这也就是说,汽车前期需求量的增长会抑制后期的需求增长速度。实际上,这也说明国内汽车消费市场上存在着内在的减震稳定机制。

LSTAR 模型的非线性部分则包含转换函数和回归项两部分。在转换函数中,临界值 $c_1=0.054$、$c_2=0.401$,即转换函数关于 $(c_1+c_2)/2=0.2275$ 对称。当转换变量值小于 0.054 或大于 0.401 时,就是当国际油价出现微增长或负增长;抑或高速增长时,转换函数值迅速向一进行转换,非线性部分对模型的影响也就会迅即表现出来,同时也体现出油价快速增长和负的油价增长(油价的绝对下降)对汽车消费需求量变化影响的非对称性,汽车消费需求量与国际油价内在关系的结构方程转变为:

$$DLnCARD = 0.069 + 0.567DLnOILP - 0.373DLnOILP(-1) -$$
$$0.917DLnCARD(-1) - 0.254DLnCARD(-2) +$$
$$0.041DLnCARD(-3) + 0.579DLnCARD(-4)$$
$$(6-7)$$

由此可知,上个季度国际油价变动的负作用明显增强,上一季度国际油价的上涨速度增加1%,国内汽车消费需求量就会陡然下降37.3%,并且上个季度的汽车消费需求对本季度需求释放有明显的抑制效应。

四、冲击模拟分析

为了更加清晰表述国际油价与国内汽车消费需求增速间的复杂关系,剔除各滞后期国内汽车需求量增速的影响,并利用公式(6-6)和(6-7)可计算得到国际油价波动对国内汽车消费需求的冲击模拟。如表6-7所示。

表6-7 国际油价波动与国内汽车消费需求的冲击模拟

特征 变量	$DLnOILP(t)$	$DLnOILP(t-1)$	$DLnCARD(t)$
非线性特征	70.00%	70.00%	13.60%
		50.00%	21.00%
		30.00%	28.50%
		10.00%	36.00%
		-10.00%	43.40%
		-30.00%	50.90%
	50.00%	70.00%	2.20%
		50.00%	9.70%
		30.00%	17.20%
		10.00%	24.60%
		-10.00%	32.10%
		-30.00%	39.50%

续表

特征 \ 变量	$DLnOILP(t)$	$DLnOILP(t-1)$	$DLnCARD(t)$
线性特征	30.00%	70.00%	9.20%
		50.00%	10.00%
		30.00%	10.90%
		10.00%	11.70%
		-10.00%	12.50%
		-30.00%	13.40%
	10.00%	70.00%	1.10%
		50.00%	1.90%
		30.00%	2.80%
		10.00%	3.60%
		-10.00%	4.50%
		-30.00%	5.30%
非线性特征	-10.00%	70.00%	-31.80%
		50.00%	-24.30%
		30.00%	-16.90%
		10.00%	-9.40%
		-10.00%	-1.90%
		-30.00%	5.50%
	-30.00%	70.00%	-43.10%
		50.00%	-35.70%
		30.00%	-28.20%
		10.00%	-20.70%
		-10.00%	-13.30%
		-30.00%	-5.80%

由表 6-7 可知，即期国际油价与汽车消费需求的变化是同向的，这与现实中的两者关系基本一致，如图 6-1 所示。但是，如表 6-7 所

示,国际油价波动和国内汽车消费需求量的冲击关系为非线性特征时,即期国际油价相同,前一期国际油价增速由负转正每增加20%,国内汽车需求增速减少大约8%;而在两者之间的冲击关系为线性特征时,即期国际油价相同,前一期国际油价增速由负转正每增加20%,国内汽车需求增速减少0.8%。所以,在由线性特征向非线性特征转变后,前一期国际油价的负作用会增强了10倍,对国内汽车消费需求的抑制显著增强。在国际油价与国内汽车消费需求的关系表现为非线性特征时,前一期国际油价增速相同,即期国际油价增速每增加20%,国内汽车需求的增速将增加11%;当两者具有线性特征时,同样条件下国内汽车需求增速上增加8%。也就是说,不论在什么条件下,即期国际油价与国内汽车需求增速之间关系是稳定的。由上述分析可得,当即期国际油价增速小于5.42%或大于40.12%时,国际油价与国内汽车消费需求的关系转变为非线性特征,前一期国际油价增速的负作用显著放大,国内汽车消费需求模式也随之发生了改变,前一期的国际油价波动成为影响国内消费者汽车消费需求的重要因素。

第五节 本章小结

本章主要研究了国际油价波动与中国转型期战略支柱性产业之间的内在结果及传导机制,并利用1997至2008年间国内汽车销售月度数据和WTI国际原油离岸价格,得到国际油价波动对国内汽车消费需求的非线性非对称冲击效应。本章的主要结论可简要地总结如下。

第一,在线性假设下,国际油价波动同国内汽车消费需求量之间存在且仅存在从汽车消费需求量变化到国际油价波动的单向 Granger 因果关系。然而,通过建立一个非线性 LSTAR 模型,我们发现国际油价波动对汽车消费需求及其自身间都存在着较强的影响,影响机制更为复杂,而转换函数可以通过 LSTAR2 模型来表达。国内汽车消费需求对国际油价波动的单向 Granger 因果关系表明,作为一种重要影响要素,国际油价的下降会带来国内汽车消费需求的上升,但国内汽车消费需求的增加则未必能引致国际油价的相应上升。在国际油价波动对国内汽车消费需求的影响呈现出一种非线性的冲击形式,而非"双向因果关系"中的线性影响关系,二者之间存在着本质性区别。呈现非线性特征的主要原因是由于国际油价变动受到多种因素影响,比如国内外政治经济环境、技术进步、政府税收政策以及各种替代能源的开发利用等等,从而表现出不同的油价增长方式。在这一情况下,以线性假设为前提的 Granger 因果检验并不能检验出国际油价波动对国内汽车消费需求的非线性影响,而只能给出国际油价波动不是国内汽车需求增加的 Granger 原因这一结论。

第二,国际油价波动对国内汽车消费需求的影响具有明显的非对称性。当国际油价增长出现下降或快速上升的时候,国内汽车消费需求明显波动变化;当国际油价平稳上升时,国内汽车消费需求起伏平稳。当国际油价出现快速变化时,国内汽车消费需求明显扩大或缩小。当国内汽车需求快速增加的时候,国内汽车行业的利润就变得相当丰厚,就会吸引大量企业纷纷涌入该行业,结果造成了国内汽车产能急剧扩大。20 世纪 90 年代,由于国内汽车消费需求的爆发性增长使得国内涌现了众多中小型汽车企业,但这些需求的集中爆发并不有利于国内汽车产业的健康有序发展。再伴随着国际油价的快速上升,反过来又会导致国内汽车需求的急剧萎缩,使得汽车业出现供远大于销的产能过剩,既造成社会资源的大量浪费,更有可能会造成严重的经济危机。而且,由于银行贷款的参与放大了这种潜在的危机可能性,增加了整个金融系统的不稳定性。所以,政府不仅要熨平国际油价过度波动的负面影响,同时也要有规划性引导国内汽车行业产能扩充,使得整个汽车行业朝着健康有序的方向发展。

第三,国际油价的波动与国内汽车消费需求变化在1997至2008年间存在从线性到非线性的频繁转换,主要是由于国际原油价格变化和汽车行业环境变化所导致的。随着我国铁路运输和航空运输的快速发展,伴之替代能源及节能环保技术的开发,再加上国内企业能源利用率的不断提升,使得国际油价波动对国内汽车需求的线性特征已不复存在。因此,对于此类问题的研究,在数据的使用上,首先应考虑其阶段性特征,其次应进行必要的线性检验,以避免在线性假设的框架下去研究非线性问题的错误。

第七章
产业结构调整对缓解能源区域经济
冲击的影响：以浙江省为例

第一节　引言

提高经济增长的质量，加快经济发展方式的转变，是中国经济的重要方向和战略举措。自改革开放以来，中国的转型经济取得了令世人瞩目的"中国奇迹"，人均 GDP 由改革之初的 381 元增长到 2020 年的 72,447 元，整个国家面貌也发生了史无前例的历史性转变。与此同时，经济发展过程的不平衡、不可持续的结构性矛盾日益凸显，集中体现在经济增长过程的能源依赖程度加大、环境污染程度严重、科技创新能力不强、产业结构不合理等方面。而解决这些结构性问题的关键纽带则在于如何减少能源消耗量；或者说，以能源使用量为中间纽带来带动产业结构的调整、技术创新能力的提升、自然环境污染的减少是目前实现经济发展方式转变的最有效途径之一。

实际上，形成当前中国经济高增长、高能耗这一发展模式也与 20 世纪 90 年代的产业结构调整战略密切相关。根据中国统计局公布的数据显示，1990 年以来，中国经济的产业结构实现了改革以来最大的一次转变:以农业为代表的第一产业贡献率从 1990 年的 41.7%变为 2020 年的 7.7%;工业的贡献率从 1990 年先上升再逐渐回落,之后基本维持在 40%的水平上,而工业 GDP 占比也从 1952 年的 17.6%提升到 2020 年的 37.8%;第三产业的贡献率由 1990 年的 17.3%逐步上升到 2020 年的 54.5%。中国已基本实现从以农业经济为主的落后国家向工业经济大国的转变。① 而伴随着这一转变的是惊人的能源消费量:从能源净出口国到能源净进口国,再到世界第二大能源消费国;2010 年,国内生产总值赶超日本成为世界第二大经济体同时,中国也以 32.5 亿吨标准煤的消费量跃居世界第一大消费大国。很显然,当前这一经济发展模式必然会受到当前高居不下的震荡能源价格冲击。

受金融投机、战争、气候等多重因素的夹逼,20 世纪之后的国际油价彻底脱离长达二十年之久的"廉价石油"而不可避免地走向"高油价时代"。自 2008 年爆发"第三次全球性石油危机"以来,国际油价已两次击穿 120 美元每桶的高位,而且这一态势在短期内也不可能得到根本性的缓解(陈宇峰,2010)。在巨大的能源消耗量和高对外依存度背景下,无论是高位的还是宽幅震荡的能源价格,都给中国的经济增长带来了沉重的冲击(陈宇峰、陈启清,2011)。2009 年第一季度,受全球金融危机和能源危机双重夹击的中国经济比 2008 年同期下降了 10.6%。

中国的地理区域相当广阔复杂,东、中、西部的经济增长差异性很大,能源分布也很不均衡:85%以上的煤炭能源、66%的天然气资源和 90%的水能资源分布在经济欠发达的中西部地区,而经济发达的东部沿海地区能源消耗量大,能源自给率却很低(姚先国,2008)。要全面研究能源对区域经济的冲击效应和缓解之策是相当困难的,

---

① 数据来源:国家统计局,http://www.stats.gov.cn/。

因此本章选取具有高增长、高能耗、低自给率的浙江省作为典型性省份,来研究产业结构调整对缓解能源区域经济的冲击传递效应和最优收敛路径。

本章的结构安排如下:第二节是文献综述;第三节是投入产出价格模型与 RAS 法的修正;第四节是实证结果;第五节是本章的主要结论。

第二节　文献综述

自 1973 至 1974 年爆发第一次全球性石油危机以来,人们才开始认识到能源在社会经济生产过程中的重要战略价值,经济学家也由此意识到能源价格与宏观经济之间可能存在强的关联性。他们普遍认为,能源价格的持续上涨,会导致成本推动型的通货膨胀,抑制消费需求和投资需求,从而引发大规模的长期衰退。根据 Rasche 和 Tatom(1977)的估计,国际油价每上涨 1% 会导致长期的实际 GNP 下降 7%。能源经济学集大成者 Hamilton(1983)通过一个包含 GNP、通货膨胀率、失业率等六个宏观经济变量的 VAR 模型,得出了"油价上涨的确是经济衰退和通货膨胀的罪魁祸首"这一重要结论。尽管之后的计量模型已在非对称、非有效方向上取得长足的进步,但绝大多数经济学文献仍认可能源与宏观经济之间的这一关联度结论。

但是,20 世纪 80 年代爆发第二次全球性石油危机之后,人们又发现国际能源冲击对宏观经济这一强关联性呈现了明显减弱的趋势。Hamilton(2003)考察 20 世纪以来几次重要石油危机发生前后美国 GDP 的对比后,发现国际油价冲击对美国经济的影响正呈现出日渐减弱之势。Hooker(2002)发现,1981年前的美国核心通货膨胀在很大程度上是由于国际油价的冲击所造成,但对1981年以后的影响已不断减弱。Barsky和Kilian(2004)也认为,油价冲击对CPI影响较大,但对GDP平减指数影响变得非常微弱。Doroodian和Boyd(2003)则进一步解释,之所以会产生美国经济发展中的能源冲击弱化现象,主要是因为之后美国经济的产业结构发生了明显的变化:首先,由传统的制造业为基础转向以服务业为基础,从而扭转了美国经济对国际能源的巨大刚性需求;其次,美国还经历了一场声势浩大的、以信息和互联网为核心的技术革命,大大降低了降低社会经济运行中的交易成本,同时也提高了能源使用效率和产出潜能。

尽管能源价格上涨在欧美发达国家所带来的巨大冲击效应已在不断弱化,但正在经历第三次全球性石油危机的发展中国家似乎并不容乐观,这一冲击效应非但没有减弱,反而有不断拉大之势。究其原因,像中国这样的发展中国家还没有形成美、日等发达国家在两次全球性石油危机中的结构调整压力和适应机制。目前,比较公认的缓解能源经济冲击效应的途径有三种:技术进步、能源结构调整和产业结构调整。由于反弹效应(Rebound Effect)的普遍存在,技术创新和技术进步虽会提高一个国家或者区域的能源使用效率,但并不会必然实现能源消耗量的节约,甚至可能会出现逆转效应(Backfire Effect)的扩容趋势(Saunders,1992)。Garrone和Grilli(2010)的动态跨国面板研究也得到了类似的结论:能源的研发投入虽有利于能源效率的提高,但并不能因此减少一国或者区域经济对能源的依赖程度。这一观点也得到了国内相关学者的支持。李廉水和周勇(2006)的研究认为,在无重大的技术变革之前,短期能源利用的技术改良可能效果甚微。而对于能源结构调整这一视角,林伯强、姚昕和刘希颖(2010)认为,中国的经济发展正处于高度的城市化和工业化阶段,这时对能源的需求具有很强的刚性。能源结构的调整会受到现实经济条件的限制,因此调整能源结构会给社会经济带来巨大的调节成本,且从根本上这一调整往往超出了经济所能承载的最大负荷。因此,能源结构调整在具体的实施过程中仍存在着较大的局限性和调控成本。也就是说,这一长期的有效途径如若没有得到大规模的新能源技术和内生技术进步的支撑,那便成了一纸空谈。如此一来,减缓能源-经济冲击效应的有效途径只剩下产业结构调整。马仪亮和刘起运(2008)、余江(2008)认为,20世纪90年代,随着技术引进的加快和大规模的产业扩张,技术因素的确成为中国降低能源依赖程度的主导力量。但进入21世纪,在经历一段时间的快速技术更新之后,技术因素越来越频繁地触碰到技术壁垒的底线,随之其重要性也让位于产业结构因素。

通过上述文献的梳理,我们不难发现通过产业结构调整来减缓能源-区域经济冲击效应是目前最可行的实施路径。尽管产业结构调整作为各级政府转变经济发展方式的主动调控工具,但这一结构调整却面临着两难困境:过快、过大的产业结构调整很容易会导致一个国家或区域陷入长期的经济衰退陷阱中,而缓慢的产业结构调整也会丧失区域经济增长方式转变的最佳窗口期,因此以减缓能源-经济冲击为纽带的区域产业结构调整也需要一个最佳的调整时机和相应的调整路径。本章接下去的研究以浙江省为例,模拟了不同产业结构调整力度下能源冲击对CPI、PPI和GDP平减指数的影响,同时也给出能源视角下的最优产业结构路径。

第三节　投入产出价格模型与 RAS 法的修正

投入产出价格模型可以测度一个国家或者区域内相互关联的部门间某种或者多种产品价格变动对其他部门产品价格水平的影响,并能对这些影响做出完整的描述。因此,当现实经济中能源价格上涨的时候,可利用这一模型准确地模拟能源价格变动对非能源部门产品价格的影响,以及社会整体物价水平的连锁反应和波及程度。但是,这一模型受到技术进步、工艺改进、原材料替代等因素的制约而无法测度其可能的动态效果,而基于投入产出表改进的 RAS 方法则是对这一静态模型的一种有效扩展,且与现实情况有较高的拟合度(Van der Ploeg,1982)。因此,本章的实证研究将充分结合这两种方法的优势来测度产业结构调整对缓减一个国家或者区域能源经济冲击的影响。

一、投入产出价格模型

借助投入产出表中的直接消耗系数矩阵可以得出各行业部门产品价格随一个部门产品价格波动的变化情况。本章假设拟研究的产业部门产品价格变动不对工资、生产税净额和营业盈余产生影响,因此其他部门产品价格的变化,完全是由该部门产品的价格变化所引起的。根据投入产出表,按列建立均衡方程:

$$a_{1,j}p_1 + a_{2,j}p_2 + \cdots + a_{n,j}p_n + N_j = p_j \quad i = 1,2,\cdots n; j = 1,2,\cdots,n \tag{7-1}$$

其中, a_{ij} 表示直接消耗系数, p_i 表示 i 部门的产品价格, N_j 表示 j

部门的初始单位投入，p_j 表示 j 部门的产品价格。

由上式(7-1)可得，由于各部门之间存在相互关联的依存关系，那么当第 n 部门产品价格变化 Δp_n 的时候，其他部门的产品价格变化则为：

$$\begin{bmatrix} \Delta p_1 \\ \Delta p_2 \\ \vdots \\ \Delta p_{n-1} \end{bmatrix} = \begin{bmatrix} 1-a_{1,1} & -a_{1,2} & \cdots & -a_{1,n-1} \\ -a_{2,1} & 1-a_{2,2} & \cdots & -a_{2,n-1} \\ \vdots & \vdots & \ddots & \vdots \\ -a_{n-1,1} & -a_{n-1,2} & \cdots & 1-a_{n-1,n-1} \end{bmatrix}^{-1} \begin{bmatrix} a_{n,1} \\ a_{n,2} \\ \vdots \\ a_{n,n-1} \end{bmatrix} \Delta p_n$$

(7-2)

在得到各个部门产品价格变化之后，可以进一步测算第 n 部门产品价格变动对一般价格水平的影响。考虑指标选取的代表性和研究价值，本章选取了 CPI、PPI 和 GDP 平减指数这三个指标，其计算数据分别运用投入产出表中居民消费、各部门总投入及各部门工业品使用合计列向量作为权重来进行模拟。

$$\Delta PI^i = \left(\sum_{j=1}^n \Delta p_j X_j^i\right) / \left(\sum_{j=1}^n X_j^i\right) \quad i=1,2,3; j=1,2,\cdots,n \quad (7-3)$$

其中，ΔPI^1、ΔPI^2、ΔPI^3 分别为 CPI 变动幅度、PPI 变动幅度、GDP 平减指数变动幅度，Δp_j 为第 n 部门商品价格变化 Δp_n 时，j 部门产品价格的变化，X_j^1、X_j^2、X_j^3 为第 j 部门产品用于居民最终消费的价值量、工业部门的中间使用价值量、j 部门的增加值。

需要说明的是，虽然上述计算价格指数的方法与实际国民经济核算中价格指数的计算方法不同，但其基本思想是一致的，因此本章模拟出来的价格指数在具体数值上与统计部门发布的指数有一定的差异，但这并不影响本章分析产业结构演化对缓减能源价格冲击影响的作用。

二、RAS 法外推投入产出表

对照原始投入产出表和经 RAS 法扩展之后的投入产出表,我们假设各部门中间投入的变动主要来自两方面:首先为替代影响,是由于产品价格变动等因素造成产品使用上的替代,替代系数矩阵 $R=(r_i)_{n\times n}$ 表示;其次为制造影响,指因技术进步、生产效率等因素造成的产品中间投入变动,制造系数矩阵 $S=(s_j)_{n\times n}$ 表示。其中,R 和 S 均为正的对角矩阵,即 $r_i>0, s_i>0$。

在已知基期直接消耗系数矩阵、目标年各产业部门的总产出、中间使用合计和中间投入合计的基础上,则可构建 RAS 法的数学模型为:

$$A^* = RA^0 S \tag{7-4}$$

$$s.t. \quad \sum_{j=1}^{n} a_{ij} x_j = v_i; \quad \sum_{i=1}^{n} a_{ij} x_j = u_j$$

其中,$A^* = (a_{ij}^*)_{n\times m}$、$v_i$、$u_j$、$x_j$ 分别表示目标年的直接消耗系数、第 i 部门的中间使用合计、第 j 部门中间投入合计和部门总产出,而 $A^0 = (a_{ij}^0)_{n\times m}$ 表示基期的直接消耗系数。

再采用迭代法,便可求出系数矩阵 R 和 S。具体迭代公式为:

$$\begin{aligned}
r_i^{(k)} &= v_i / \sum_{j=1}^{n} a_{ij}^{(k-1)} x_j \\
s_j^{(k)} &= u_j / \sum_{i=1}^{n} a_{ij}^{(k-1)} x_j \\
a_{ij}^{(k)} &= r_i^{(k)} a_{ij}^{(k-1)} s_j^{(k)} (i=1,2,\cdots,n; j=1,2,\cdots,n)
\end{aligned} \tag{7-5}$$

其中,$r_i^{(k)}$、$s_j^{(k)}$、$a_{ij}^{(k)}$ 分别表示第 k 次迭代过程中的替代系数、制造

系数和直接消耗系数,$a_{ij}^{(0)} = a_{ij}^{0}$。

直至,整个过程达到最后的收敛水平,则有:

$$r_i = r_i^{(k)} r_i^{(k-1)} \cdots r_i^{(1)}; s_j = s_j^{(1)} s_j^{(k-1)} \cdots s_j^{(k)}$$

第四节　实证结果

一、数据来源与计算说明

本章运用浙江省2007年42部门投入产出表进行计算和分析[①],但考虑到投入产出表中并没有能源这一产业部门,本章将煤炭开采和洗选业,石油和天然气开采业,石油加工、炼焦及核燃料加工业,电力、热力的生产和供应业,燃气生产和供应业这五个部门合并为能源行业来进行计算。同时,我们将其余的产业部门按《国民经济行业分类》中的分类标准将浙江省42部门投入产出表合并成含20个部门的投入产出表,调整后的投入产出表包含的产业部门为:农林牧渔业,能源业,其他采矿业[②],制造业[③],水的生产和供应业,建筑业,交通运输、仓储和邮政业,信息传输、计算机服务和软件业,批发和零售业,住宿和餐饮业,金融业,房地产业,租赁和商务服务业,科学研究、技术服务和地质勘查业,水利、环境和公共设施管理业,居民服务和其他服务业,教育,卫生、

---

① 数据来源:浙江省统计局,http://www.zj.stats.gov.cn/。
② 在这里,"其他采矿业"含义为除去能源产品的其他采矿业总和。
③ 在这里,制造业不包括"石油加工、炼焦及核燃料加工业",而将其并入"能源部门"。

社会保障和社会福利业,文化、体育和娱乐业,公共管理社会组织。

为分析产业结构调整对缓解能源区域经济的冲击影响,本章在2007年浙江省三次产业间比例的基础上再选取了两组三次产业间比例,一组为浙江省"十二五"期间计划实现的三次产业间比例——4.5∶47.5∶48,以此作为浙江省产业结构调整的短期规划水平①;另一组则为2000年美国三次产业间比例——3.6∶24.3∶66.2,以此作为浙江省产业结构调整的长期规划水平②。在上述两组数据基础上,采用RAS法对浙江省2007年投入产出表进行对应调整,并以千分位为调整精度,分别通过两次和五次迭代达到收敛,即可得到两张调整后的新投入产出表。

需要指出的是,在本章的分析并未考虑浙江经济发展过程中的规模效应。也就是说,经RAS法外推的两张新投入产出表没有体现浙江省经济总量的变化,而是在固定GDP产出水平下进行的不同产业结构水平调整,这主要是因为:一是由于控制经济总量不变能更为直观地反映产业结构的调整对缓解能源区域经济冲击的影响,二是经济预测——尤其是长期预测——本身就具有较大的不确定性,很容易使最后的计算结果产生较大的偏差和谬误。同时,本章不考虑政府在能源部门的价格管制行为影响,也不考虑中间的传导时滞和阻滞耗散,能源价格的上涨对区域经济一般价格水平的传递完全是顺畅无阻的。因而,本章所测算出能源价格冲击对一般物价水平的冲击应为潜在影响的最大值。

---

① 数据来源:浙江省统计局,http://www.zj.stats.gov.cn/。
② 数据来源:国家统计局《国际统计年鉴(2010)》(中国统计出版社,2010年)。

二、能源部门的价格上涨对目前浙江省经济的冲击影响

能源作为国家或区域经济社会生产的必备要素,对其他产业部门的影响极其广泛。按照市场价格运行的一般规律,处于上游部门的能源价格变动会通过生产成本反映在下游加工产业部门产品的价格上。一旦能源部门的产品价格提高,那么社会其他部门的产品的价格也会随之提高。本章主要模拟了能源价格上涨10%、50%、100%三种情景下对其他各产业部门产品价格水平的影响程度,具体的模拟结果见表7-1。

由表7-1的结果不难发现,在浙江省当前产业结构水平下能源部门价格上涨对各部门的产品价格都有较明显的拉动作用。首先,当能源部门价格上涨10%,第一产业的产业部门产品价格平均上涨0.91%,第二产业的产业部门产品价格平均上涨2.10%,第三产业的产业部门产品价格平均上涨0.99%。可见,能源部门价格上涨对第二产业部门影响是最大的,第三产业次之,而对第一产业的影响是最弱的。然而,当前浙江省的经济增长主要依赖于第二产业的发展,因而能源价格的上涨对浙江经济的影响是非常显著的。这一点已在2008年爆发"第三次全球性能源危机"的冲击效应暴露得一览无余,但之前并没有得到相关政府部门足够的重视。其次,从具体的产业部门来说,考虑到国际能源价格波动日趋频繁,并且程度也在不断加剧,如果能源部门的价格上涨100%,在当前产业结构水平下很多高能耗的产业部门产品价格上涨就会变得异常显著,如其他采矿业,水的生产和供应业,交通运输、仓储和邮政业,制造业,住宿和餐饮业和建筑业的产品价格上涨的幅度均超过15%,其他采矿业的价格上涨幅度甚至高达27.68%。因而,从单个产业部门来看,能源价格上涨对浙江省非能源部门的冲击效

应是十分明显的。

表 7-1 能源部门价格上涨对其他部门产品价格的影响程度

部门	产品价格变化幅度			部门	产品价格变化幅度		
	10%	50%	100%		10%	50%	100%
农林牧渔业	0.9193	4.5965	9.1930	房地产业	0.2371	1.1855	2.3710
其他采矿业	2.7683	13.8415	27.6830	租赁和商务服务业	1.3349	6.6745	13.3490
制造业	1.5711	7.8555	15.7110	科学研究、技术服务和地质勘查业	0.9683	4.8415	9.6830
水的生产和供应业	2.5405	12.7025	25.4050	水利、环境和公共设施管理业	1.1200	5.600	11.2000
建筑业	1.5269	7.6345	15.2690	居民服务和其他服务业	0.8627	4.3135	8.6270
交通运输、仓储和邮政业	2.3431	11.7155	23.4310	教育	0.5888	2.9440	5.8880
信息传输、计算机服务和软件业	0.9224	4.6120	9.2240	卫生、社会保障和社会福利业	0.9521	4.7605	9.5210
批发和零售业	0.5041	2.5205	5.0410	文化、体育和娱乐业	0.9561	4.7805	9.5610

续表

部门	产品价格变化幅度			部门	产品价格变化幅度		
	10%	50%	100%		10%	50%	100%
住宿和餐饮业	1.5443	7.7215	15.4430	公共管理和社会组织	1.0565	5.2825	10.5650
金融业	0.4552	2.2760	4.5520				

当能源部门的价格上涨传递到一个区域经济中其他产业部门产品的同时,能源部门的价格上涨也会带动工资、利率、租金等大幅上涨,拉高区域经济中生产成本和居民生活成本,从而引起社会一般价格水平的全面提高。具体的计算结果如表7-2所示。

由表7-2可知,当能源部门的产品价格上涨10%时,就会导致浙江省社会一般价格水平的显著上涨。其中,GDP平减指数上升1.85%,CPI上涨1.62%,PPI则上涨2.10%。能源价格上涨对这三个指标的影响大小顺序依次为:PPI的上涨幅度>GDP平减指数的上涨幅度>CPI的上涨幅度。产生这一结果的主要原因是三个指数计算过程中权数选择上存在差异。从能源的终端消费来看,能源在工业部门中的消耗量是最大的,而居民生活中能源消费比例相对要小得多。因此,当能源部门产品价格上涨的时候,作为高能耗的工业部门受到的冲击效应自然也是最大的,那么能源部门的产品价格上涨对PPI的影响要远大于CPI的影响。而GDP平减指数所衡量的商品价格范围要比PPI指数和CPI指数衡量的商品价格范围大得多。所以,当区域能源部门产品价格上涨时,对GDP平减指数的影响也应该介于PPI和CPI两者之间。

表7-2 能源部门的价格上涨对浙江省一般价格水平的影响

能源价格上涨幅度	GDP 平减指数	CPI	PPI
10%	1.85%	1.62%	2.10%
50%	9.27%	8.08%	10.49%
100%	18.55%	16.16%	20.99%

综合上述,在不考虑政府对价格管制的情形下,能源部门的价格上涨会显著地提高浙江区域经济的一般价格水平。随着国内成品油定价机制逐渐与国际油价接轨,国际能源价格的高位震荡会快速直接地传递到国内产业部门的产品市场之上。而作为资源严重匮乏的"能源小省",浙江的经济对于这一外部能源冲击的影响就会表现得更为直接和剧烈。

到此为止,本章已讨论了浙江省在当前的产业结构水平下,能源部门产品价格水平上涨对其他非能源部门产品价格水平以及社会一般价格水平的影响。但是,并没有讨论产业结构变化前提下能源区域经济动态冲击效应。

三、产业结构的调整对能源区域经济的动态冲击影响

(一)产业结构调整与能源价格传导系数的变化

能源价格传导系数是指能源部门的产品价格每上涨一单位会导致某个部门产品价格的上涨幅度,它主要衡量能源价格变动对其他产业部门产品价格的影响程度(Baffes,2007)。很显然,经过RAS法调整后的浙江省短期规划和长期规划能源传导系数与当前产业结构水平下的

能源传导系数有了明显的变化①。具体的计算结果如表 7-3 所示。

很显然,无论是短期规划的产业结构,还是长期规划的产业结构,能源部门的价格上涨对各个产业部门产品价格的冲击影响都在不断削弱。不妨假设能源部门产品价格的上涨幅度仍为 10%,那么浙江省在当前产业结构水平下,其他非能源部门的产品价格平均上涨幅度为 1.22%。其中,第一产业部门的产品价格上涨 0.91%,第二产业部门的产品价格平均上涨 2.10%,第三产业部门的产品价格平均上涨 0.99%。

表 7-3 不同产业结构水平的浙江省能源价格传导系数

行业	当前产业结构水平	短期规划产业结构水平	长期规划产业结构水平
农林牧渔业	0.0919	0.0846	0.0525
其他采矿业	0.2768	0.2568	0.1723
制造业	0.1571	0.1457	0.0949
水的生产和供应业	0.2541	0.2330	0.1525
建筑业	0.1527	0.1413	0.0914
交通运输、仓储和邮政业	0.2343	0.2156	0.1420
信息传输、计算机服务和软件业	0.0922	0.0840	0.0516
批发和零售业	0.0504	0.0461	0.0299
住宿和餐饮业	0.1544	0.1447	0.0950
金融业	0.0455	0.0410	0.0252
房地产业	0.0237	0.0219	0.0137

---

① 需要说明的是,如果严格的从外推的精确性来说 RAS 方法的迭代只适合外推短期序列表。因此,本章所外推的长期浙江省投入产出表,只能反映浙江省在实现目标产业结构水平下大致的演进过程,但这并不影响本章的分析。

续表

行业	当前产业结构水平	短期规划产业结构水平	长期规划产业结构水平
租赁和商务服务业	0.1335	0.1203	0.0727
科学研究、技术服务和地质勘查业	0.0968	0.0893	0.0566
水利、环境和公共设施管理业	0.1120	0.1020	0.0619
居民服务和其他服务业	0.0863	0.0794	0.0507
教育	0.0589	0.0537	0.0339
卫生、社会保障和社会福利业	0.0952	0.0871	0.0534
文化、体育和娱乐业	0.0956	0.0864	0.0528
公共管理和社会组织	0.1057	0.0952	0.0579

在短期规划产业结构水平下，非能源产品平均上涨幅度为1.12%，其中，第一产业部门的产品价格上涨0.85%，第二产业部门的产品价格平均上涨1.94%，第三产业部门的产品价格平均上涨0.90%。在长期规划产业结构水平下，其他非能源产品的价格上涨幅度就会大幅下降，平均涨幅仅为0.71%，其中第一产业部门的产品价格上涨幅度为0.52%，第二产业部门的产品价格平均上涨1.28%，第三产业部门的产品价格平均上涨0.57%。这也解释了同样面对第三次全球性能源危机，中、美两国经济受冲击的程度会有如此迥然的差异。并且，从各部门产品的能源价格传导系数下降的幅度来看，随着浙江省产业结构的不断演化，第三产业对国民经济的贡献度越高，各部门产品的能源价格传导系数下降的幅度也越大，这一转化过程也完全吻合长期经济发展的基本趋势。

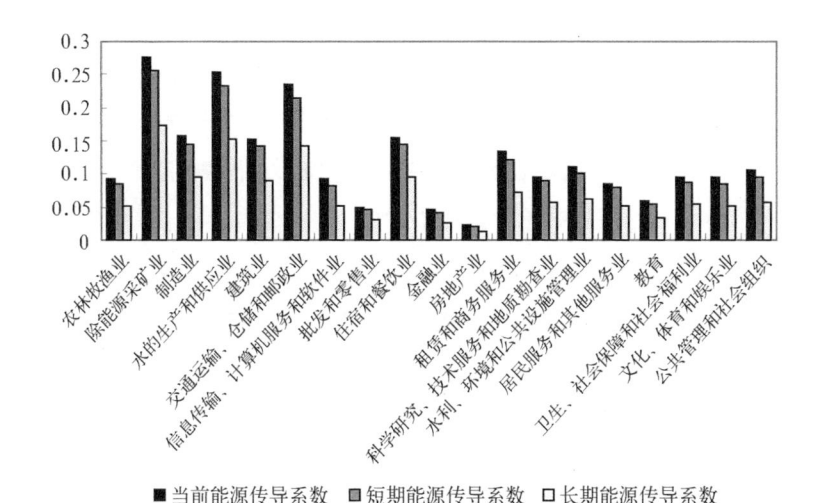

图 7-1　不同产业结构水平下的浙江省能源价格传导系数

(二) 产业结构调整对缓减能源区域经济的动态冲击影响

上述分析说明随着区域内产业结构的演化发展，能源部门的价格上涨对各个产业部门的产品价格影响程度逐渐减弱。在这一基础上，我们将进一步分析随着产业结构的不断演化，能源部门价格上涨对浙江省一般价格水平的动态影响。具体的模拟结果如表 7-4 所示：

表 7-4　能源部门产品价格上涨 (10%) 对浙江省一般价格水平的影响

	三次产业间比例	GDP 平减指数	CPI	PPI
当前产业结构水平	5.2∶53.8∶41	1.85	1.62	2.10
短期规划产业结构水平	4.5∶47.5∶48	1.70	1.42	1.98
长期规划产业结构水平	3.6∶24.3∶66.2	1.05	0.78	1.44

由表 7-4 可知，当能源价格上涨 10% 的时，随着浙江省产业结构中第三产业的比例不断提高，能源价格上涨对 GDP 平减指数、居民消

费价格指数和工业品出厂价格指数的影响都在不断削弱。当浙江省的三次产业比例由2007年的5.2∶53.8∶41演变为短期的4.5∶47.5∶48,再让能源部门的价格水平上涨10%,GDP平减指数的上涨幅度也由1.85%下降到1.70%,降幅为2.70%,而CPI的上涨幅度则由1.62%下降到1.42%,降幅达到12.35%,PPI的上涨幅度由2.1%下降到1.98%,降幅为5.71%;当三次产业间的比例演化到长期目标水平的3.6∶24.3∶66.2时,同样考虑能源价格上涨10%的情景下,GDP平减指数由1.85%下降到1.05%,降幅则为43.24%,CPI由1.62%下降到0.78%,降幅达51.85%,PPI由2.10%下降到1.44%,降幅为31.42%。也就是说,当浙江省产业结构调整实现"十二五"规划内的短期水平,浙江省能源区域经济冲击影响程度将会得到了一定程度的缓解和改善;而一旦实现美国等欧美发达国家的产业结构水平,这一能源区域经济冲击程度将得到明显的大幅降低。

客观地说,上述这一模拟结果是非常直观的。由于不同的产业部门对能源部门的依赖程度是不同的,第二产业部门的单位GDP能耗要远远高于第一和第三产业部门。以2007年的浙江省能源中间投入为例,第一产业消耗占总能源中间投入的2.88%,第二产业部门消耗占总能源中间投入的73.60%,第三产业部门消耗占总能源中间投入的23.52%[①]。当低能耗的第三产业逐渐取代第二产业成为浙江省经济结构的主导力量,社会生产对能源的依赖程度随之下降,那么能源部门的价格上涨所带来的冲击效应也就随着能源依赖程度的下降而逐渐减弱。

---

① 根据2007年浙江省投入产出表能源部门中间使用量简单计算即可得到以上结果。

(三) 产业结构演化的最优路径

由于 RAS 法求得的解具有存在性、唯一性和迭代的收敛性的特点(Stone,1962),因此根据经 RAS 法调整可得到不同时期的浙江省能源价格传导系数,再通过对各部门能源价格传导系数的进一步分析,便可得到浙江省产业结构演化的最优路径。表 7-5 为浙江省短期和长期内各产业部门能源价格传导系数的下降幅度。

对比短期规划和长期规划中能源价格传导系数下降幅度较大的前十个产业部门,有八个产业部门在短期规划和长期规划中能源传导系数下降幅度都比较明显,这八个行业分别为:信息传输、计算机服务和软件业,金融业,租赁和商务服务业,水利、环境和公共设施管理业,教育,卫生、社会保障和社会福利业,文化、体育和娱乐业,公共管理和社会组织。因此,这八个行业具有很强的调控潜力,也应该是浙江省实现产业结构转型升级的重点调控部门。除去以上这八个产业部门,在短期规划中,水的生产和供应业以及批发和零售业的能源价格传导系数下降幅度较大,这意味着在短期规划中这两个能源依赖度较高的行业具有较大的可调控性,但在长期规划中,农林牧渔业和房地产业这两个行业的能源价格传导系数下降幅度更为明显,这意味着在长期规划中这两个产业部门相对短期规划中具有更大的调控潜力。

表 7-5 浙江省短期和长期内各产业部门能源价格传导系数的下降幅度(%)

行业	短期规划的下降幅度	长期规划的下降幅度
农林牧渔业	7.99	42.86
其他采矿业	7.24	37.77
制造业	7.29	39.60

续表

行业	短期规划的下降幅度	长期规划的下降幅度
水的生产和供应业	8.31	39.96
建筑业	7.47	40.15
交通运输、仓储和邮政业	8.00	39.38
信息传输、计算机服务和软件业	8.89	44.02
批发和零售业	8.60	40.71
住宿和餐饮业	6.30	38.47
金融业	9.85	44.74
房地产业	7.64	42.10
租赁和商务服务业	9.88	45.53
科学研究、技术服务和地质勘查业	7.81	41.51
水利、环境和公共设施管理业	8.97	44.72
居民服务和其他服务业	7.99	41.19
教育	8.79	42.40
卫生、社会保障和社会福利业	8.48	43.87
文化、体育和娱乐业	9.68	44.78
公共管理和社会组织	9.89	45.19

这也就是说,在短期和长期的产业发展规划中,具体的调整政策是有所差别的。美国是当今世界最大的发达国家,也是世界上农业技术最为成熟的国家之一,但由于第一产业部门对 GDP 的贡献度相对较低,因而在长期内保持在较低的水平之内,这也应该是浙江未来农业的长期发展方向。而在短期内,农业作为整个经济发展的根基,在没有出

现重大技术革新和人力资本显著提高之前，其结构也不会出现较大变化。而作为浙江省经济发展主导的第二产业在"十二五"期间不应出现较大幅度的削弱，因此对于第二产业，我们应着重改造和提升传统的优势产业，优化第二产业内部的产业结构，有选择性地改造提升纺织、轻工、建材、有色金属等传统优势产业。这一思路与浙江省"十二五"规划纲要的思路是不谋而合的。但对于第三产业，在上文提及八大较高调控潜力的第三产业部门，与"十二五"规划纲要中重点发展的第三产业存有一定的出入。我们认为，教育与卫生、社会保障和社会福利业也应该作为浙江省重点发展的第三产业部门。

第五节　本章小结

在巨大的能源消耗量和高对外依存度背景下，第三次全球性能源危机中高位震荡的能源价格已对中国的转型经济带来沉重的冲击效应，也势必影响区域经济增长的稳定和其他目标的实现。因此，如何合理有效转变经济增长方式，减缓外部能源冲击，是当前区域经济发展的一个重点。本章以浙江省为例，通过短期和长期规划产业结构的调整，研究产业结构调整对这一能源区域经济冲击的减缓作用。

1. 在高增长、高能耗的第二产业为主导的区域经济发展模式中，外部能源价格上涨必然会对其产生显著的影响。在当前产业结构水平下，如果能源部门价格上涨10%，那么某些高能耗的产业部门受到的冲击效应是最为明显的；同时，浙江省居民消费价格指数、工业品出厂价格指数、GDP 平减指数分别提高 1.62%、2.10%、1.85%。

2. 当产业结构由第二产业向第三产业倾斜时，能源对区域经济的冲击效应得到根本性的缓解。由经 RAS 法外推的短期和长期投入产出表可知，当浙江省第三产业比重将逐渐增加，各产业部门的能源价格传导系数将出现不同程度的下降，GDP 平减指数、居民消费价格指数和工业品出厂价格指数的涨幅也随之下降。

3. 在产业结构调整的最优路径上，虽然在短期和长期中产业结构调整的方向有所差异，但信息传输、计算机服务和软件业，金融业，租赁和商务服务业，水利、环境和公共设施管理业，教育，卫生、社会保障和社会福利业，文化、体育和娱乐业这八大部门应该是浙江省产业结构转型升级的重点方向。

需要指出的是，虽然压缩高能耗、低产出的产业规模，发展低能耗、高产出的第三产业，可以减轻区域经济发展对能源的依赖程度，缓减能源价格冲击的负面影响，但区域的产业结构本身具有一定的刚性，产业间的关联也使得调整过程变得十分困难。这一方面受到区域技术水平的制约，另一方面也是当前所处的工业化阶段决定的。因此，在强调调整区域产业结构的同时，需积极发展第三产业，同时兼顾三产之间的均衡，以保证区域经济的长期稳健发展。

第八章
主要结论与研究展望

本书以国际油价冲击与中国宏观经济波动为主线展开研究,分别选取了能源冲击与宏观经济波动的内在关系及其传递路径,国际油价冲击与中国宏观经济波动的非对称时段效应,能源冲击与中国奥肯定律的宏观稳定性,能源冲击与中国部门间劳动力市场需求结构的影响,国际油价波动对中国汽车消费需求的非线性冲击效应,我国产业结构调整引发能源冲击对区域经济的冲击影响的变化等若干重点和当前热点问题进行研究,并由此得到一系列的研究结论。

第一节 本书的主要结论

自20世纪70年代爆发第一次石油危机以来,能源冲击对宏观经济的影响一直是学术界关注的焦点问题。随着能源价格波动,尤其是石油价格变动与宏观经济关系的日益复杂,经济学家建立各种模型,从不同角度对此进行深入分析和探讨。目前,石油价格的变化往往从供给和需求两个方面同时影响宏观经济,油价波动会对宏观经济产生非对称影响效应,油价上升和下降对经济的影响程度不一致,并且石油价格上升比下降的作用更加突出。同时,石油价格传导机制具有总量效应和分配效应两种,前者对经济的影响往往是对称的,后者对经济的影响是非对称的,石油价格冲击对宏观经济的传递影响既具有总量效应,也具有分配效应。另外,由于技术进步、各国经济结构发生改变以及能源价格不断上涨的事实,能源冲击对发展中国家的影响越来越大,研究的重心也将逐渐从发达国家转移到发展中国家,人们将更加关注能源冲击的积极效应。

以往关于国际油价波动与中国宏观经济的关系研究较为零碎,缺乏国际油价冲击对我国宏观经济波动的内在传导机理以及相关经济政策制定的系统考察。再加上,正处在经济转型期的中国与其他国家存在的巨大的体制差异,使得国际上关于油价冲击对一国宏观经济波动的影响机理研究并不适用于中国。本书基于扩展 VAR 模型的 Granger 因果检验,考察了五种不同类型的国际油价冲击形式对中国宏观经济活动的影响程度和作用机理,从而得到了不同经济发展阶段中不同油价冲击形式存在的"非对称时段效应";也就是说,在不同的经济发展阶段,不同类型的国际油价冲击形式对我国宏观经济会有不同的影响程度和传导机制。具体来看,国际油价波动与中国的实际 GDP、通货膨胀率、实际人民币汇率之间存在长期的协整关系。在 1978 至 1993 年间,国际油价冲击对宏观经济影响具有反向的非对称效应,即国际油价下降对中国宏观经济的影响要大于国际油价上涨对中国宏观经济的影响。然而在 1994 至 2007 年间,国际油价冲击对国内经济增长率的非对称影响并不显著,而对通货膨胀率的非对称效应却十分显著。

自从奥肯在 20 世纪 60 年代发现产出增长率与失业率之间存在一种此消彼长、互相替代的线性关系以来,国外众多经济学工作者就纷纷选择从线性和非线性两种不同的假设前提来研究奥肯定律在各国的存在性和适用性。结果发现,奥肯定律已经从早期的线性形式转变成当前的非线性特征。然而,关于奥肯定律在中国的存在性和适用性还停留在线性层面的讨论。于是,本书在已有研究的基础上,基于传统的线性奥肯定律和平滑转换回归模型,构建了一个非线性奥肯定律模型,结合国际油价冲击,系统考察了奥肯定律在中国的存在性和非线性。研究发现,在1978至1997年间,我国既不存在线性形式的奥肯定律,也不存在非线性形式的奥肯定律,预示着奥肯定律在我国已经完全失效。但是,在1998至2009年间,奥肯定律在我国出现了明显的非线性特征,表现为经济扩张和经济收缩对失业的影响具有截然不同的非对称效应,并且我国的产出与失业之间仍然存在着此消彼长的替代关系。造成这种现象的原因在于国际油价引起的外部供给冲击将会影响奥肯定律在我国的具体表现形式,表现为奥肯定律在线性和非线性形式之间频繁转换。

国际油价大幅上涨会给各国的宏观经济造成巨大冲击,甚至会阻碍全球经济在后危机时代的快速复苏,这一点在国内外学术界已经形成了共识。但事实上,目前高位运行的国际油价对世界经济的影响不仅仅体现在宏观的总体经济运行上,更为重要的是对诸如劳动力市场之类的微观市场影响与传导。因此,本书构建了一个符合中国国情的CGE模型,采用2007年编制的SAM表,运用情景模拟的方法,从国际能源价格冲击对劳动力市场影响的两条传导路径出发,即产出效应和替代效应,考察了能源冲击下中国劳动力市场变化的动态变化趋势,同时分析了这些动态变化背后能源冲击对中国不同部门间劳动力市场需求的传导和影响。结果得出,能源价格冲击对我国的劳动力市场产生了一定的负向冲击,但是这种负向冲击随着能源价格的不断上升而逐渐削弱。制造业、农林牧渔业等能源依赖程度较低的劳动力密集型产业会随着能源价格的上涨,第一产业和与制造业关系密切的行业倾向于提供更多的劳动岗位,而其余大部分部门却在不断缩减劳动岗位,并且这些增加的劳动岗位更倾向于对能源有较强替代性的技术工人,而其缩减的岗位主要面向产业工人。当能源价格上升一定幅度,农业工人的收入将会上升;而伴随着能源价格的上涨,产业工人和技术工人的收入都出现不同程度的下降,但下降的速度越来越慢;虽然各部门增加的劳动岗位更倾向于面向技术工人,但由于技术工人的工资下降幅度较大,使得技术工人收入的下降程度超过了产业工人。

传统理论认为,石油和汽车是一组典型的互补性产品,当油价上涨时,居民对汽车的消费需求下滑;反之,当油价下跌时,汽车的消费需求趋于旺盛。然而,中国的实际情况却偏离了传统理论的假设。如何解释这种现象的偏离,现象背后的深层次机制是什么?国际油价冲击对中国汽车产业消费结构的冲击是如何传导的,以及以何种形式传导等问题引起了我国政府和学术界的广泛关注。本书通过建立一个基于Logistic 型平滑转换门限自回归模型,系统考察了国际油价波动对国内汽车消费需求的内在冲击结构。结果表明,国际油价波动对国内汽车消费需求的影响具有明显的非线性、非对称效应。1997 至 2008 年间,受到国际原油价格的暴涨暴跌和国内汽车行业环境变化的影响,国际油价波动与国内汽车消费需求变化之间存在从线性到非线性的频繁转换。

20 世纪末的大量研究文献表明,通过产业结构调整来减缓能源-区域经济冲击效应是一条较为可行的应对路径。然而,当世界各国经历产业结构调整之后,却面临着两难选择的困境。一方面,过快、过大的产业结构调整很容易会导致一个国家或区域陷入长期的经济衰退陷阱中;而另一方面,缓慢的产业结构调整也会丧失区域经济增长方式转变的最佳窗口。如何应对国际能源冲击对区域经济的冲击影响,以及如何选择最佳的调整时机成为摆在中国政府面前的最大难题。不可否认,要全面研究能源对区域经济的冲击效应和缓解之策是相当困难的世界性难题。本书以具有高增长、高能耗、低自给率的浙江省作为典型性省份,来研究产业结构调整对缓解能源区域经济的冲击传递效应和最优收敛路径。这种处理方法虽然有其局限性,但是对于我国未来的产业结构调整具有非常重要的参考价值。本书研究发现,能源价格上涨时,首当其冲的是高增长、高耗能的第二产业。如果能源部门价格上涨10%,那么浙江省居民消费价格指数、工业品出厂价格指数、GDP平减指数分别提高1.62%、2.10%、1.85%。当产业发展的重心逐步从第二产业转向第三产业时,能源对区域经济的冲击效应得到根本性的缓解。在产业结构调整的最优路径上,虽然在短期和长期中产业结构调整的方向有所差异,但信息传输、计算机服务和软件业,金融业,租赁和商务服务业,水利、环境和公共设施管理业,教育,卫生、社会保障和社会福利业,文化、体育和娱乐业这八大部门应该是产业结构调整和转型升级的重要突破口。

第二节 研究展望

本书从六个主要方面系统研究了国际油价冲击与中国宏观经济波动之间的内在关系,较好地解释了目前国内宏观经济发展中出现的诸多社会热点及重点问题,为我国经济的进一步平稳较快增长提供了非常重要的理论依据和现实参考价值。但是,对于如此宏大的外部冲击与宏观经济这一领域来说,本书在货币政策、财政政策等宏观政策与能源经济冲击的互动性、能源冲击宏观效应的微观基础等其他一些方面并未展开深入的研究,这些不足和遗憾同时也为我们未来的进一步研究提供了全新的方向和思路。

一、国际油价、Kilian 指数与中国宏观经济

越来越多的实证研究表明,世界经济发展与国际油价波动之间存在着双向的影响关系。当全球经济基本面向好,则国际油价会出现强劲的上涨势头;相反,如果世界经济萎靡不振,则国际油价高涨将丧失坚实的基础,甚至出现大幅跳水现象,这种情况在历次经济危机之后展露无遗。一般来说,全球经济发展的基本面情况是影响国际油价波动的最主要、最根本因素,也就是说,石油需求和供给是主导油价波动的根本原因。虽然,国际资本投机行为、地缘政治、异常天气等因素也会导致油价异常波动,但是归根结底还是供需变化占据主导地位。

2009 年,著名经济学家基利安(Lutz Kilian)根据干货船单程海上运费计算得到了一个全球经济指标,简称 Kilian 经济指数。该指数涉及的货物包括谷物、油籽、棉花、铁和角铁,它所采用的计算数据包括不同商品、不同路线以及不同大小货船的运费报价,所有数据均来自伦敦杜鲁里航运顾问公司。从本质上来说,该指数通过刻画不同国家之间航运通货的繁荣景象,借此在一定程度上反映来反映全球经济的景气程度。然而,它并没有考察具体某一个国家,例如美国、中国等经济大国在全球经济发展中所扮演的角色,因而仅仅通过航运通货的繁荣程度来代替全球经济基本面状况是有失严谨的。所以,如何在基利安教授所构建的经济指数基础上,融入美国、中国等世界经济大国的影响和

作用,尽可能全面地刻画全球经济发展的基本面,特别是考察中国经济的高速迅猛发展到底在多大程度上推动着国际油价的走高是一个值得深入研究的话题。这也是本书作者未来研究的重点方向之一。

二、国际油价冲击的微观经济基础

自从 Hamilton(1983)首次将石油价格作为一种负向的外部冲击引入现代宏观经济波动的研究中以来,越来越多的实证研究倾向于将能源价格,特别是石油价格外生化处理,他们往往将石油价格视为一种外生变量引入宏观经济波动的线性或者非线性函数中,然后通过计量方法的回归检验,得到石油价格冲击对于一国宏观经济的冲击效应和传导方向。然而,能源与劳动、资本一样,都是社会生产的重要投入要素之一,如何在社会生产函数中将能源这一重要的投入要素内生化,分别考察石油价格波动对经济发展的内生化传导路径,已经成为摆在能源工作者和经济学家面前的又一重要课题。

从单向的传导路径来看,如果石油价格是宏观经济发展的一个外生变量,则石油价格波动会给宏观经济造成巨大冲击,特别是石油价格的突然高涨,已经被证明会造成世界经济的巨大波动,这一点在 20 世纪七八十年代尤为明显。近年来,随着世界经济发展对石油等传统化石能源的依赖性有所减弱,开始逐步转向清洁能源,导致石油价格高涨对世界经济发展的负向冲击有所减弱,但是在短期内仍然无法根本扭转这种不利的影响。同时,当石油资源作为经济发展的一种非常重要的投入要素引入生产函数时,石油价格波动对宏观经济的影响将变得更为复杂。首先,石油价格上涨会直接影响石油资源的消费量和使用量,在经济生产的成本上来反映油价冲击对宏观经济造成的负面影响,甚至有可能会引发恶性的通货膨胀。其次，正如已有的大量实证研究那样，石油价格对宏观经济的波动造成的负向冲击效应仍然存在。总之，将石油等其他能源内生化，给予了研究能源价格与宏观经济关系的更为翔实的微观理论基础，也有利于挖掘出能源价格波动对于宏观经济的内在传导路径。

从双向的传导路径来看，一国宏观经济发生明显波动之后，特别是经济发展的基本面发生较大变化时，会直接造成经济发展对于能源需求的巨大变化，从而传导至石油等化石资源的价格发生明显波动。一旦将石油资源内生化，换言之，在刻画国际油价与宏观经济的波动时加入坚实的微观基础，则意味着不再存在简单的单向的传导影响，而是呈现出更为复杂、多变的双向传导影响，这也是本书未来进一步研究的重要内容之一。

三、国际油价波动、技术冲击与宏观经济波动

正如前文所述，一旦赋予能源冲击与宏观经济坚实的微观基础之后，我们会发现油价变动对于一国宏观经济的影响将变得更为复杂、多变。事实上，石油资源除了以生产要素的形式进入经济生产的过程中，它还可以通过影响技术变化的传导路径来影响经济发展。新古典经济学提出，生产函数具有以下形式 $Y=A \cdot F(L,K)$，其中 Y 是生产函数，A 是技术水平，L 是劳动投入，K 是资本投入。如果把能源投入加入生产函数时，则生产函数变成 $Y=A \cdot F(L,K,E)$，E 表示能源投入。

从技术水平在历史上的发展、演变来看，能源价格变动对其有着明显的影响，尤其是石油价格波动。鉴于此，我们尝试将石油价格作为另外一种新的内生变量引入生产函数中去，具体表达式为 $Y=A(Ep) \cdot F$

(L, K, E),其中 Ep 表示能源价格。在这种情况下,石油资源不仅是经济发展的重要投入要素,其价格波动直接影响石油资源的消费量,进而影响社会生产。而且更为重要的是,石油价格波动还会影响技术水平,从而从技术水平的传导路径来影响经济生产水平,最终影响一国的宏观经济波动。

参考文献

蔡昉.2004.中国就业统计的一致性:事实和政策涵义.中国人口科学,(3):2-10.

蔡昉.2007.为什么"奥肯定律"在中国失灵——再论经济增长与就业的关系.宏观经济研究,(1):11-14.

蔡昉,都阳,高文书.2004.就业弹性,自然失业率和宏观经济政策——为什么经济增长没有带来显性就业.经济研究,(9):18-25.

陈达忠.2005.原油价格对经济影响的非对称性:文献综述.国际石油经济,13(8):36-39.

陈彦斌.2008.中国新凯恩斯菲利普斯曲线研究.经济研究,(12):50-64.

陈宇峰.2009.石油诅咒中的俄罗斯转型经济增长:一项基于协整关系的实证检验.俄罗斯中亚东欧研究,(5):35-43.

陈宇峰.2010.后危机时代的国际油价波动与未来走势:一个多重均衡的视角.国际贸易问题,(12):3-11.

陈宇峰,缪仁余.2010.国际油价变动对中国汽车消费需求的非线性冲击效应.财贸经济,(5):116-122.

陈宇峰,陈启清.2011.国际油价冲击与中国宏观经济波动的非对称时段效应:1978~2007.金融研究,(5):86-99.

陈宇峰,俞剑,陈启清.2011.外部冲击与奥肯定律的存在性和非线性.经济理论与经济管理,(8):42-52.

陈宇峰,俞剑.2011.为什么此轮国际油价涨势更值得警惕.上海证券报,3-11.

陈宇峰,陈准准.2012.能源冲击对中国部门间劳动力市场需求结构的影响.

国际贸易问题,(4):16-29.

陈宇峰,贵斌威,陈启清.2013.技术偏向与中国劳动收入份额的再考察.经济研究,(6):113-126.

陈宇峰,吴振球,郭妍芳.2015.中国产出缺口价格效应的部门差异性研究.世界经济,(3):78-95.

陈宇峰,朱荣军.2018.能源价格高涨会诱致技术创新吗?经济社会体制比较.(2):40-50.

陈宇峰,朱志韬,屈放.2021.国际油价、汇率与国内金价的非对称溢出及动态传导机制——基于三元 VAR-Asymmetric BEKK(DCC)-GARCH(1,1).系统科学与数学,(2):449-465.

崔民选.2009.中国能源发展报告(2009).社会科学文献出版社.

方福前,孙永君.2009.总需求和总供给冲击对我国失业和产出动态关系的影响分析.经济理论与经济管理,(12):5-12.

方福前,孙永君.2010.奥肯定律在我国的适用性检验.经济学动态,(12):20-25.

龚玉泉,袁志刚.2002.中国经济增长与就业增长的非一致性及其形成机理.经济学动态,(10):35-39.

何晓群,魏涛远.2002.世界石油价格上涨对我国经济的影响.经济理论与经济管理,(4):11-15.

何亚男,汪寿阳.2011.世界经济与国际原油价格:基于 Kilian 经济指数的协整分析.系统工程理论与实践,31(2):221-228.

姜巍,刘石成.2005.奥肯模型与中国实证(1978—2004).统计与决策,(12):7-9.

克莱夫·格兰杰,蒂莫·泰雷斯维尔塔.2006.非线性经济的建模.上海财经大学出版社版.

李俊峰,王代敬,宋小军.2005.经济增长与就业增长的关系研究——两者相关性的重新判定.中国软科学,(1):64-70.

李廉水,周勇.2006.技术进步能提高能源效率吗?——基于中国工业部门的实证检验. 管理世界, (10): 82 - 89.

林伯强, 魏巍贤, 李丕东. 2007. 中国长期煤炭需求: 影响与政策选择. 经济研究, (2): 48 - 58.

林伯强, 牟敦国. 2008. 能源价格对宏观经济的影响——基于可计算一般均衡模型(CGE)的分析. 经济研究, (11): 88 - 101.

林伯强, 王锋. 2009. 能源价格上涨对中国一般价格水平的影响. 经济研究, (12): 66 - 79.

林伯强. 2010. 危机下的能源需求和能源价格走势以及对宏观经济的影响. 金融研究, (1): 46 - 57.

林伯强, 姚昕, 刘希颖. 2010. 节能和碳排放约束下的中国能源结构战略调整. 中国社会科学, (1): 91 - 110.

林秀梅, 王磊. 2007. 我国经济增长与失业的非线性关系研究. 数量经济技术经济研究, (6): 47 - 55.

刘强. 2005. 石油价格变化对中国经济影响的模型研究. 数量经济技术经济研究, (3): 16 - 27.

陆铭, 陈钊. 2002. 如何认识就业增长 GDP 弹性下降的现象?. 复旦大学就业与社会保障研究中心工作论文.

马仪亮, 刘起运. 2008. 经济增长与节能降耗双目标实现的艰巨性. 山西财经大学学报, (30): 34 - 39.

宋增基, 刘芍佳, 杨倩, 李春红. 2009. 中国经济增长对世界石油价格影响的定量研究. 中国软科学, (7): 56 - 74.

王俊, 孔令夷. 2006. 非线性时间序列分析 STAR 模型及其在经济学中的应用. 数量经济技术经济研究, (1): 77 - 85.

王成勇, 艾春荣. 2010. 中国经济周期阶段的非线性平滑转换. 经济研究, (3): 78 - 90.

魏涛远. 2002. 世界油价上涨对我国经济的影响分析. 数量经济技术经济研究, (5): 17 - 20.

魏巍贤, 林伯强. 2007. 国内外石油价格波动性及其互动关系. 经济研究,

(12):130-141.

小野充人. 2008. 原油価格の上昇が日本経済に与える影響について. 国際貿易と投資, 71-77.

谢杰, 姚愉芳. 2010. 产业振兴生产效率经济影响研究. 统计研究, (7): 45-51.

徐剑刚, 宋鹏, 李治国. 2006. 石油价格冲击与宏观经济. 上海管理科学, (3): 6-9.

杨建辉, 潘虹. 2008. 国际原油价格、人民币实际汇率与中国宏观经济研究. 系统工程理论与实践, (1):1-8.

姚先国. 2008. 能源效率与能源安全——基于浙江省的分析. 浙江社会科学, (4):33-39.

于伟, 尹敬东. 2005. 国际原油价格冲击对我国经济影响的实证分析. 产业经济研究, (6):11-19.

余江. 2008. 资源约束、结构变动与经济增长. 人民出版社.

原鹏飞, 吴吉林. 2011. 能源价格上涨情景下能源消费与经济波动的综合特征. 统计研究, (9):57-65.

张斌, 徐建炜. 2010. 石油价格冲击与中国的宏观经济: 机制、影响与对策. 管理世界, (11):18-27.

周凤起, 周大地. 1999. 中国中长期能源战略. 北京: 中国计划出版社.

邹薇, 胡翾. 2003. 中国经济对奥肯定律的偏离与失业问题研究. 世界经济, (6):40-47.

赵进文, 范继涛. 2007. 经济增长与能源消费内在依从关系的实证研究. 经济研究, (8):31-42.

Amano R. A., Norden S. 1998. Oil Prices and the Rise and Fall of the US Real Exchange Rate. *Journal of International Money and Finance*, 17(2): 299-316.

Bacon D. W., Watts D. G. 1971. Estimating the Transition between Two Intersecting Straight Lines. *Biometrika*, 58(3):525-534.

Baffes J. 2007. Oil Spills on Other Commodities. *Resources Policy*, 34(3):126 – 134.

Barro R. J. 1983. Rules, Discretion and Reputation in a Model of Monetary Policy. *Journal of Monetary Economics*, 12(1):101 – 121.

Barsky R., Kilian L. 2004. Oil and the Macroeconomy since the 1970s. *Journal of Economic Perspectives*, 18(4):115 – 134.

Bernanke B. S. 1983. Irreversibility, Uncertainty, and Cyclical Investment. *Quarterly Journal of Economics*, 97(1):85 – 106.

Bernanke B. S., Gertler M., Watson M. 1997. Systematic Monetary Policy and the Effects of Oil price Shocks. *Brookings Papers on Economic Activity*, 28(1):91 – 157.

Bernanke B. S., Gertler M., Watson M. 2004. Oil Shocks and Aggregate Macroeconomic Behavior: The Role of Monetary Policy, a reply. *Journal of Money, Credit, and Banking*, 36(2):287 – 291.

Berndt E R., Morrisson C J. 2002. Income Redistribution and Employment Effects of Rising Energy Prices. *Resources and Energy*, 2 (2 – 3): 131 – 150.

Blanchard O. J., Gali J. 2007. The Macroeconomic Effects of Oil Price Shocks: Why are the 2000s So Different from 1970s?. *MIT Department of Economics Working Paper*, No. 07 – 21.

Bohi, Douglas R. 1989. *Energy Price Shocks and Macroeconomic Performance*. Washington D. C:Resource for the Future.

Bollino C. A. 2007. Oil Prices and the U. S. Trade Deficit. *Journal of Policy Modeling*, 29(5):729 – 738.

Bresnahan T. F., Ramey V. A. 1993. Segment Shifts and Capacity Utilization in the U. S. Automobile Industry. *AEA Papers and Proceedings*, 213 – 824.

Bresnahan T. F., Ramey V. A. 1994. Output Fluctuations at the Plant Level. *The Quarterly Journal of Economics*, 109(3):593 – 624.

Bridgman B. 2008. Energy Prices and the Expansion of World Trade. *Review of Economic Dynamics*, 11(4):904-916.

Brown S P. A., Yücel M. K. 1999. Oil Prices and US Aggregate Economic Activity. *Federal Reserve Bank of Dallas Economic Review Second Quarter*:16-23.

Brown S P. A., Yücel M. K. 2002. Energy Prices and Aggregate Economic Activity: An Interpretative Survey. *Quarterly Review of Economics and Finance*, 42 (2):193-208.

Bruno M., Sachs J. 1979a. Macro-Economic Adjustment with Import Price Shocks: Real and Monetary Aspects. *NBER Working Paper*, No. 340.

Bruno M., Sachs J. 1979b. Supply vs. Demand Approaches to the Problem of Stagflation. *NBER Working Paper*, No. 382.

Bruno M., Sachs J. 1982. Input Price Shocks and Slowdown in Economic Growth: The Case of UK Manufacturing. *Review of Economic Studies*, 49 (1): 679-706.

Bruno M., Sachs J. 1985. *The Economics of Worldwide Stagflation*. Cambridge: Harvard University Press, No. 315.

Cameron K., Schnusenberg O. 2009. Oil Price, SUVs and Iraq: An Investigation of Automobile Manufacturer Oil Price Sensitivity. *Energy Economics*, 31(3): 375-381.

Carruth A. A, Hooker M. A, Oswald A. J. 1998. Unemployment Equilibria and Input Prices: Theory and Evidence from the United States. *Review of Economics and Statistics*, 80 (4):621-628.

Chang Y. Wang J. F. 2003. Oil Price Fluctutions and Singapore Economy. *Energy Policy*, 31(11): 1151-1165.

Chen S. S., Chen H. C. 2007. Oil Prices and Real Exchange Rates. *Energy Economics*, 29(3):390-404.

Chen Y., Yu J., Peter K., 2016, Does the China Factor Matter: What Drives the Surge of World Crude Oil Prices?, *Social Science Journal*, 53(1): 122 – 133.

Chen Y., Huang G., Ma L., 2017, Rockets and Feathers: The Asymmetric Effect between China's Refined Oil Prices and International Crude Oil Prices, *Sustainability*, 9(3), 381.

Chen Y., Qu F., 2019, Leverage Effect and Dynamics Correlation between International Crude Oil and China's Precious Metals, *Physica A: Statistical Mechanics and its Applications*, 534(November): 122319.

Chen Y., Zheng B., Qu F., 2020, Modeling the Nexus of Crude Oil, New Energy and Rare Earth in China: An Asymmetric VAR-BEKK(DCC)-GARCH Approach, *Resources Policy*, 65 (March): 101545.

Clifford L. F. A., Brian S. 1998. Okun's Law, Cointegration and Gap Variables. *Journal of Macroeconomics*, 20(3):625 – 637.

Cologni A., Manera M. 2009. The Asymmetric Effects of Oil Shocks on Output Growth: A Markov-Switching Analysis for the G – 7 Countries. *Economic Modelling*, 26(1): 1 – 29.

Cuaresma J. C. 2002. Revisiting Okun's Law: A Piecewise-linear Approach. *Econometric Society European Meeting*.

Cuaresma J. C. 2003. Okun's Law Revisted. *Oxford Bulletin of Economics and Statistics*, 65(4):439 – 451.

Cuñado J., Pérez de Gracia F. 2003. Do Oil Price Shocks Matter? Evidence for Some European Countries. *Energy Economics*, 25(2):137 – 154.

Daniel Sarte, Michael Dotsey. 1997. Inflation uncertainty and growth in a simple monetary model. *Working Paper 97 – 05, Federal Reserve Bank of Richmond*.

Darby M. R. 1982. The Price of Oil and World Inflation and Recession. *American Economic Review*, 72 (4): 738 – 751.

Davis S. J., Loungani P., Mahidhara R. 1997. Regional Labor Fluctuations: Oil Shocks, Military Spending and Other Driving Forces. *International Finance*

Discussion Papers, No. 578.

Davis S. J. , Haltiwanger J. 2001. Sectoral Job Creation and Destruction Response to Oil Price Changes. *Journal of Monetary Economics*, 48(3):465 – 512.

Dohner R. S. 1981. Energy prices, economic activity, and inflation: a survey of issues and results. in K. A. Mork (ed.), *Energy Prices, Economic Activity, and Inflation*, Cambridge (Mass): Ballinger.

Doroodian K. , Boyd R. 2003. The Linkage between Oil Price Shocks and Economic Growth with Inflation in the Presence of Technological Advances: a CGE Model. *Energy Policy*, 31(10):989 – 1006.

Dogrul H. G. , Soytas U. 2010. Relationship between Oil Prices, Interest Rate, and Unemployment: Evidence from an Emerging Market. *Energy Economics*, 32 (3):1523 – 1528.

Farzanegan M. R. , Markwardt G. 2009. The Effects of Oil Price Shocks on the Iranian Economy. *Energy Economics*, 37(1): 134 – 151.

Federer J. ,Peter. 1996. Oil Price Volatility and Macroeconomy:A Solution to the Asymmetry Puzzle. *Journal of Macroeconomics*, 18: 1 – 16.

Finn M. G. 2000. Perfect Competition and the Effects of Energy Price Increases on Economic Activity. *Journal of Money Credit and Banking*, 32: 400 – 416.

Fried, Edward R. ,Charles L. Schultze. 1975. Overview. in Fried and Schultze, eds. *Higher Oil Prices and the World Economy*, Washington, D. C. : The Brookings Institution.

Garrone P. , Grilli L. 2010. Is there a Relationship between Public Expenditures in Energy R&D and Carbon Emissions per GDP? An Empirical Investigation. *Energy Policy*, 38(10): 5600 – 5613.

Gisser, Micha, and Thomas H. Goodwin. 1986. Crude Oil and the Macroeconomy: Tests of Some Popular Notions. *Journal of Money, Credit, and Banking*, 18: 95 – 103.

Gordon R. J. , Clark P. K. 1984. Unemployment and Potential Output in the

1980's. *Brooking Papers on Economic Activity*, 15(2):537-568.

Granger C. W. J., Teräsvirta T. 1993. Modelling Nonlinear Economic Relationship. Oxford University Press.

Hamilton J. D. 1983. Oil and the Macroeconomy since World War II. *Journal of Political Economy*, 91 (2):228-248.

Hamilton J. D. 1985. Historical Causes of Postwar Oil Shocks and Recessions. *Energy Journal*, 6(1):97-116.

Hamilton J. D. 1988. A Neoclassical Model of Unemployment and the Business Cycle. *Journal of Political Economy*, 96(3):593-617.

Hamilton J. D. 1996. This is What Happened to the Oil Price-Macroeconomy Relationship. *Journal of Monetary Economics*, 38(2):215-220.

Hamilton J. D. 2003. What is an Oil Shock?. *Journal of Econometrics*, 113(2):363-398.

Hamilton J. D., Herrera A. M. 2004. Oil Shocks and Aggregate Macroeconomic Behavior: The Role of Monetary Policy. *Journal of Money, Credit and Banking*, 36(2):265-286.

Hamilton J. D. 2008. Oil and the Macroeconomy. In: S. Durlauf and L. Blume (Eds.), *New Palgrave Dictionary of Economics and the Law*, 2nd ed., McMillan.

Hamilton J D. 2011a. Historical Oil Shocks. in Parker R E., Whaples R M. (eds.), *Handbook of Major Events in Economic History*, Routledge.

Hamilton J. D. 2011b. Nonlinearities and the macroeconomic effects of oil prices. *Macroeconomic Dynamics*, 15(3):364-378.

Harris R., Brian S. 2001. Testing for Asymmetry in Okun's Law: A Cross-Country Comparison. *Economics Bulletin*, 5(2):1-13.

Heinberg R., Fridley D. 2010. The End of Cheap Coal. *Nature*, (18):367-369.

Herrera, A. M., Hamilton J. D. 2001. Oil Shocks and Aggregate Macroeconomic

Behavior: the Role of Monetary Policy. *Mimeo*, Dept of Economics, University of California, San Diego.

Herrera A. M. , Pesavento E. 2009. Oil Price Shocks, Systematic Monetary Policy and the Great Moderation. *Macroeconomic Dynamics*, 13(1): 107 – 137.

Hooker M. A. 1996. What Happened to Oil-price Relationship?. *Journal of Monetary Economics*, 38 (2): 215 – 220.

Hooker M. A. 1996. This is What Happened to the Oil Price-macroeconomy Relationship: Reply. *Journal of Monetary Economics*, 38 (2): 221 – 222.

Hooker M. A. 2000. Are Oil Shocks Inflationary? Asymmetric and Nonlinear Specification versus Changes in Regime. *Journal of Money, Credit and Banking*, 34(2): 540 – 561.

Huang Y. , Guo F. 2007. The Role of Oil Price Shocks on China's Real Exchange Rate. *China Economic Review*, 18(4): 403 – 416.

Huang B. , Hwang M. J. , Peng H. 2005. The Asymmetry of the Impact of Oil Price Shocks on Economic Activities: an Application of the Multivariate Threshold Model. *Energy Economics*, 27 (3): 455 – 476.

Huang H. C. , Lin S. C. 2006. A Flexible Nonlinear Inference to Okun's Relationship. *Applied Economics Letters*, 13(5): 325 – 331.

IEA. 2004. *Analysis of the Impact of High Oil Price on the Global Economy*, www.iea.org.

Jacks D. S. , Meissner C. M. , Novy D. 2008. Trade Costs, 1870 – 2000. *American Economic Review*, 98(2): 529 – 34.

Jiménez-Rodríguez R. , M. Sánchez. 2005. Oil Price Shocks and Real GDP Growth: Empirical Evidence for Some OECD Countries. *Applied Economics*, 37: 201 – 228.

Jones W. , Leiby N. 1996. The Macroeconomic Impacts of Oil Price Shocks: A Review of Literature and Issues. Martin Marietta Energy System. No. DE – AC05 – 840R21400.

Jones D. , Leiby P. , Paik I. 2004. Oil Price Shocks and the Macroeconomy: What Has Been Learned since 1996. *The Energy Journal*, 25(2):1-32.

Jose V. , Adolfo M. 2009. The Robustness of Okun's Law in Spain, 1980-2004 Regional evidence. *Journal of Policy Modeling*, 31(2):289-297.

Juncal Cunado, Luis A. Gil-Alana, Fernando Pérez de Gracia. 2006. Additional Empirical Evidence on Real Convergence: A Fractionally Integrated Approach. *Review of World Economics (Weltwirtschaftliches Archiv)*, 142(1):67-91.

Katsuya I. 2008. Oil Price and Macroeconomy in Russian. *Economics Bulletin*, 17(17):1-9.

Kaufman R. T. 1988. An International Comparison of Okun's Laws. *Journal of Comparative Economics*, 12(2):182-203.

Keane M. P. , Prasad E. S. 1996. The Employment and Wage Effects of Oil Price Changes: A Sectoral Analysis. *Review of Economics and Statistics*, 78(3):389-399.

Kendall J. , Knapp M. 2000. Measuring the Performance of Voluntary Organisations. *Public Management*, 2(1):105-132.

Kilian L. 2008. The Effects of Exogenous Oil Supply Shocks on Output and Inflation: Evidence From the G7 Countries. *Journal of the European Economic Association*, 6(1):78-121.

Kilian L. , Vigfusson R. J. 2011. Are the Responses of the U. S. Economy Asymmetric in Energy Price Increases and Decreases?. *Quantitative Economics*, 2(3):419-453.

Kumar S. 2009. The Macroeconomic Effects of Oil Price Shocks: Empirical Evidence for India. *Economics Bulletin*, 29(1):14-37.

Kolk D. X. 1983. Regional Employment Impact of Rapidly Escalating Energy Costs. *Energy Economics*, 5 (2):105-113.

Kooros K. K. , Sussan A. P. , Semetesy M. 2006. The Impact of Oil Prices on Employment. *International Research Journal of Finance and Economics*, (5): 136-154.

Lardic S., Mignon V. 2008. Oil Prices and Economic Activity: An Asymmetric Cointegration Approach. *Energy Economics*, 30(3):847-855.

Lee K., Ni S., Ratti R. A. 1995. Oil Shocks and the Macroeconomy: The Role of Price Variability. *Energy Journal*, 16(4):39-56.

Lee K., Ni S. 2002. On the Dynamic Effects of Oil Price Shocks: A Study Using Industry Level Data. *Journal of Monetary Economics*, 49(4): 823-852.

Luukkonen, R., Saikkonen, P., Teräsvirta. 1988. Testing Linearity against Smooth Transition Autoregressive Models. *Biometrika*, 75(3):491-499.

Marchand J. 2012. Local Labor Market Impacts of Energy Boom-Bust-Boom in Western Canada. *Journal of Urban Economics*, 71(1):165-174.

Mark J. H., Brian S. 2006. Okun's Law, Asymmetries and Jobless Recoveries in the United States: A Markov-Switching Approach. *Economic Letters*, 92(2): 293-299.

Martin F. J. 1993. Okun's Law: Theoretical Foundation and Revised Estimated. *Review of Economics & Statistics*, 75(2):331-336.

Meyer B. 2007. Oil Price, GDP and International Trade. The Case of Germany. The Fifteenth World Inforum Conference, September 10-16.

Mork K. A. 1989. Oil and the Macroeconomy When Prices Go Up and Down: An Extension of Hamilton's Results. *Journal of Political Economy*, 97(3):740-744.

Mork K. A., Olsen O., Mysen H. T. 1994. Macroeconomic Responses to Oil Price Increases and Decreases in Seven OECD Countries. *Energy Journal*, 15(4):19-35.

Mory J. F. 1993. Oil Prices and Economic Activity: Is the Relationship Symmetric?. *Energy Journal*, 14(4):151-161.

Moosa I. A. 1997. A Cross-Country Comparison of Okun's Coefficient. *Journal of*

Comparative Economics, 24(3):335-356.

Narayan P. K., Paresh&Smyth, Russell. 2007. Are Shocks to Energy Consumption Permanent or Temporary? Evidence from 182 Countries. Energy Policy, Elsevier, 35(1): 333-341.

Narayan P. K., Narayan, S., Prasad A. 2008. Understanding the Oil Price-exchange Rate Nexus for the Fiji Islands. Energy Economics, 30 (5): 2686-2696.

Navarro P. 1990. Electricity Price Shocks and International Trade. Japan and the World Economy, 2(3):249-262.

Okun A. 1962. Potential GNP: Its Measurement and Significance. American Statistical Association.

Olomola,P. A., Adejumo,A. V. 2006. Oil Price Shock and Macroeconomic Activities in Nigeria. International Research Journal of Finance and Economics, (3):29-34.

Oswald A. J., Carruth A. A., HookerM. A. 1998. Unemployment Equilibria And Input Prices: Theory And Evidence From The United States. The Review of Economics and Statistics, MIT Press, 80(4): 621-628.

Papapetrou E. 2001. Oil Price Shocks, Stock Market, Economic Activity and Employment in Greece. Energy Economics, 23 (5):511-532.

Parks, Richard W., 1978. Inflation and Relative Price Variability. Journal of Political Economy, 86 (1): 79-96.

Patzek T. W., Croft G. D. 2010. A Global Coal Production Forecast with Multi-Hubbert Cycle Analysis. Energy, 35: 3109-3122.

Prasad A.,Narayan P. K., Narayan J. 2007. Exploring the Oil Price and Real GDP Nexus for a Small Island Economy, the Fiji Islands. Energy Policy, 35 (12):6506-6513.

Pierce,J. L., Enzler J. J. 1974. The Effects of External Inflationary Shocks. Brookings Papers on Economic Activity, (1):13-61.

Rasche R. H., Tatom J. A. 1977a. The Effects of the New Energy Regime on Economic Capacity, Production and Prices. *Federal Reserve Bank of St. Louis Review*, 59(4):2-12.

Rasche R. H., Tatom J. A. 1977b. Energy Resources and Potential GNP. *Federal Reserve Bank of St. Louis Review*, 59(6):10-24.

Rasche R. H., Tatom J. A. 1981. Energy Price Shocks, Aggregate Supply and Monetary Policy: The Theory and International Evidence. *Carnegie-Rochester Conference Series on Public Policy* 14(1): 125-142.

Rautava J. 2004. The Role of Oil Prices and the Real Exchange Rate in Russia's Economy: A Cointegration Approach. *Journal of Comparative Economics*, 32(2):315-327.

Raymond, Jennie E., Rich R. W. 1997. Oil and the Macroeconomy: A Markov State-Switching Approach. *Journal of Money, Credit and Banking*, 29: 193-213.

Rebeca J. R., Sánchez M. 2005. Oil Price Shocks and Real GDP Growth: Empirical Evidence for some OECD Countries. *Applied Economics*, 37(2): 201-228.

Rebeca J. R. 2008. The Impact of Oil Price Shocks: Evidence from the Industries of Six OECD Countries. *Energy Economics*, 30(6): 3095-3108.

Robalo P. B., Salvado J. C. 2008. Oil Price Shocks and the Portuguese Economy since the 1970s. *FEUNL Working Paper Series*, No. 529.

Rotemberg J. J., Woodford M. 1996. Imperfect Competition and the Effects of Energy Price Increases on Economic Activity. *Journal of Money, Credit and Banking*, 28(4):549-577.

Santini, Danilo J. 1985. The Energy-Squeeze Model: Energy Price Dynamics in U. S. Business Cycles. *International Journal of Energy Systems*, 5: 18-25.

Santini, Danilo J. 1992. Energy and the Macroeconomy: Capital Spending After an Energy Cost Shock. *Advances in the Economics of Energy and Resources*, vol. 7, Greenwich, CN: J. A. I. Press.

Semetesy M., Kooros S. K., Sussan, A. P. 2006. The Impact of Oil Prices on Employment. *International Research Journal of Finance and Economics*, 5: 136 - 154.

Sarantis P. 2001. Nonlinearities, Cyclical Behavior and Predictability in Stock Markets: International Evidence. *International Journal of Forecasting*, 17 (3): 459 - 482.

Saunders H D. 1992. The Khazzoom-Brookes Postulate and Neoclassical Growth. *The Energy Journal*, 13(4): 131 - 148.

Silvapulle P., et al. 2004. Asymmetry in Okun's Law. *Canadian Journal of Economics*, 37(2): 353 - 374.

Smith G. 1975. Okun's Law Revisited. *Quarterly Review of Economics and Business*, 15(4): 37 - 54.

Sims C. A. 1980. Macroeconomics and Reality. *Econometrica*, 48(1): 1 - 48.

Stock, James H. 1997. Cointegration, Long-Run Comovements, and Long-Horizon Forecasting. *Advances in Econometrics: Proceedings of the Seventh World Congress of the Econometric Society*, vol. III. David Kreps and Kenneth F. Wallis, editors. Cambridge: Cambridge University Press,: 34 - 60.

Stone R. 1962. Multiple Classification in Social Accounting. *Bulletin de l' Institut International de Statistique*, 3 (1): 215 - 233.

Toda H., Phillips C. 1993. Vector Autoregression and Causality. *Econometrica*, 61(6): 1367 - 1393.

Toda H., Phillips C. 1994. Vector Autoregressions and Causality: A Theoretical Overview and Simulation Study. *Econometric Reviews*, 13(2): 259 - 285.

Toda H. Yamamoto T. 1995. Statistical Inference in Vector Autoregressions with Possibly Integrated Processes. *Journal of Econometrics*, 66 (1 - 2): 225 - 250.

Türkekul B., Unakitan G. 2011. A Co-integration Analysis of the Price and

Income Elasticities of Energy Demand in Turkish Agriculture. *Energy Policy*, 39(5):2416-2423.

Uri N D. 1996. Crude-Oil Price Volatility and Agricultural Employment in the USA. *Applied Energy*, 54 (4):355-373.

Van Der Ploeg F. 1982. Reliability and the Adjustment of Sequences of Large Economic Accounting Matrices. *Journal of the Royal Statistical Society*, 145 (2):169-1941.

Yamada H., Toda H. Y. 1998. Inference in Possibly Integrated Vector Autoregressive Models: Some Finite Sample Evidence. *Journal of Econometrics*, 86 (11):55-95.

Ziramba E. 2010. Price and Income Elasticities of Crude Oil Import Demand in South Africa: A Cointegration analysis. *Energy Policy*, 38 (12): 7844-7849.

Zhai F., Herter T. 2005. Impacts of the Doha Development Agenda on China: The Role of Labor Markets and Complementary Education Reforms. *World Bank Policy Research Working Paper*, No. 3702.

Zhang D. 2008. Oil shock and Economic Growth in Japan: A Nonlinear Approach. *Energy Economics*, 30(5):2374-2390.

后　记

　　自进入 21 世纪以来,国际石油价格从 20 美金/桶开始一路飙涨至 148 美元/桶,创下了历史的绝对新高。而后快速进入急速下降震荡的通道,2020 年裹挟着全球新冠疫情冲击下的国际油价更是直线暴跌至前所未闻的负油价-37.63 美元/桶,创下了令人始料未及的历史新低。高油价、剧烈震荡、负油价,这些似乎充斥着悖论的市场价格特征几乎占据着新世纪前 20 年头的全球能源市场,甚至还将不可避免地持续下去。而这些高位震荡的市场特征无一不影响着世界各国经济和企业的振兴和复苏步伐,甚至深刻改变这一时代中美冲突的复杂地缘政治,从而也影响着经济转型大国的崛起之路。作为一名研究能源环境的现代经济学者,很不幸也很有幸地亲身经历这几次全球能源危机,让我们对能源危机、经济危机以及疫情危机都有了更深刻的直观认识。当然,这种现实直觉不断加深了我们深入研究全球能源危机成因、影响及治理机制的理论洞察力。

　　本书的研究正是基于上述经济全球化和全球性能源危机的大背景铺陈展开的,同时也是我所领导的团队对能源经济学研究框架中的第二条进路。按照之前的研究设计,大致可分为三条进路。第一条进路主要讨论国际能源价格的形成机制及溢出效应。有关能源价格形成机制的研究成果陆续发表于《金融研究》《财贸经济》《国际贸易问题》等国内外一级期刊之上,之后汇集整理成专著《国际油价波动的市场特征与中国需求》(经济科学出版社,2012 年)。此书当年获得了第十七届浙江省哲学社会科学优秀成果奖三等奖。这一研究进路的另一成果"Does the China Factor Matter: What Drives the Surge of World Crude Oil Prices?" (*Social Science Journal*, 2016)获得第十九届浙江省哲学社会科学优秀成果奖三等奖。这两次获奖对我们的能源经济研究之路来说实乃意外之喜,是对我们能源研究框架的一种肯定和莫大激励。之后关于国际能源价格的溢出效应的研究成果主要发表于 *Energy*、*Energy Policy*、*Physica A*、*Journal of Business Economics and Management*、《系统科学与数学》等国内外重要期刊上,目前也正准备整理专著出版。应该说,之前的研究是卓有成效的,已经获得比较好的社会反响,我们也仍将沿着这一进路继续深入研究。第二条进路主要讨论能源冲击对全球或国家经济的影响和传递机制,成果集中发表在《金融研究》《财贸经济》《经济理论与经济管理》《国际贸易问题》《中国农村经济》等国内知名期刊上,经整理成为本书,力图从微观和宏观视角出发全面揭示全球能源冲击对中国经济的影响及传递机制。第三条研究进路集中讨论能源冲击对技术进步的正向诱导机制,探讨如何改变能源冲击对世界或一国经济的短期负面影响效应,进而转向分析全球能源冲击对各国经济的正向长期影响效应。除了讨论能源冲击对国民经济的长期影响,我们还重点讨论了能源冲击对技术创新的大小、方向的影响机理,从而进一步讨论能源技术创新对区域环境污染的可能性影响,并在这一可能性的影响效应上提出一些更为完善、更为系统的环境治理机制。这一进路的研究是这些年我们团队的重要研究方向,也是我们团队目前寻求创新性突破的重点研究领域。这一领域的研究多次获得国家自然科学基金资助,已取得了丰硕的研究成果,集中发表在 *Energy Policy*、*Energy Efficiency*、*Journal of Cleaner Production*、*Resources Policy*、《科学学研究》、《经济社会体制比较》等国内外知名期刊上。

客观来说，第二条进路是我们整个能源经济研究框架中最为薄弱的研究部分，本书也算是第二条研究进路的一个阶段性总结。接下去，我将和马利华、惠潇雄等人集中精力继续研究讨论能源不确定冲击对中国经济的影响和传递机制。此书在长跨度的写作过程中要特别感谢俞剑、陈准准、缪仁余、汤余平、沈燕波等人的通力合作。本书的主要章节均在我们每周一次的能源与环境经济讨论小组上详细讨论过，得到了王伟杰、薛萧繁、徐图、章源升、章武滨、叶志鹏、田珊、闫宗杰、王瑞隆、屈放、马利华、陈明鑫、马延柏、杨硕、刘克龙、李涛、王丹妮、朱志韬、成思远、庄琳、余茜、周檀君、吴金旺、姚连军、刘龙山、缪嘉峰、惠潇雄、庞铭丽、徐静、张顺、葛浩等人的诸多建议和批评。俞剑、马延柏、朱志韬、缪嘉峰等人还参与书稿的最后整理和校对工作。尽管能源讨论小组中的不少成员最后没能留在学术圈，但我在和他们长期的学习讨论过程中仍是受益良多，同时也是支撑我们不断壮大研究团队、继续坚守能源与环境经济研究的动力所在。

本书在写作和出版过程中还得到了国家自然科学基金（72174180、71673250）、浙江省杰出青年科学基金（LR18G030001）、教育部人文社科重点研究基地重大项目（14JJD790019）、教育部新世纪优秀人才支持计划（NCET‐13‐0996）、浙江省哲学社会科学基金（22QNYC13ZD、21NDYD097Z）、浙江省重点建设高校优势特色学科（浙江工商大学统计学）等项目经费的资助。现代科学研究的每个链节几乎都离不开这些必要的项目经费支持，经济学科亦是如此。

在能源经济研究的探索之路上，在从"青椒"到"老椒"的蜕变之路上，我还要感谢李军教授、苏为华教授、金杨华教授、郑勇军教授、徐锋教授、伍争荣教授、张旭昆教授、肖亮教授、张宗和教授、姚晓明书记、周宏力书记等领导和同事多年来的关照和支持,也要感谢卢周来教授、周明生教授、胡晓群研究员、柴建教授、武强副教授、王耀辉博士等诸多同学朋友一直以来的默默支持和帮助。本书几经周折,幸得卢周来教授、柯湘主任的鼎力推荐,才得以顺利出版。

最后,要特别感谢父母的养育之恩和家人的关爱与陪伴。正是有了他们一直以来的照顾和陪伴,才让我能有时间集中精力潜心于学术研究,也让自己越来越明白工作的责任和生活的意义。

图书在版编目（CIP）数据

能源冲击与经济传递：理论及中国经验 / 陈宇峰著．
— 北京：商务印书馆，2021.10（2023.3 重印）
　ISBN 978-7-100-20402-6

Ⅰ.①能… Ⅱ.①陈… Ⅲ.①能源价格—影响—宏观经济—研究 Ⅳ.① F20

中国版本图书馆 CIP 数据核字（2021）第 195352 号

权利保留，侵权必究。

能源冲击与经济传递
理论及中国经验
陈宇峰　著

商　务　印　书　馆　出　版
（北京王府井大街36号　邮政编码 100710）
商　务　印　书　馆　发　行
江苏凤凰数码印务有限公司印刷
ISBN 978-7-100-20402-6

2021年10月第1版　　开本 880×1240 1/32
2023年3月第2次印刷　印张 7
定价：48.00元